Hanno Beck

Finanz- und Kapitalmärkte verstehen

Börse für Fußgänger

Hanno Beck

Finanz- und Kapitalmärkte verstehen

Börse für Fußgänger

WOCHEN
SCHAU
VERLAG

Bibliografische Information der Deutschen Nationalbibliothek

Die Deutsche Nationalbibliothek verzeichnet diese Publikation in der Deutschen Nationalbibliografie; detaillierte bibliografische Daten sind im Internet unter http://dnb.d-nb.de abrufbar.

www.wochenschau-verlag.de

Titelbild: © REDPIXEL – stock.adobe.com
Gesamtherstellung: Wochenschau Verlag
Gedruckt auf chlorfrei gebleichtem Papier
ISBN 978-3-7344-1446-6 (Buch)
E-Book ISBN 978-3-7344-1447-3 (PDF)
DOI https://doi.org/10.46499/1882

Inhalt

1. Vorwort: Sind Kapitalmärkte Monster? 7

2. Warum brauchen wir Kapitalmärkte? 9

2.1 Sparen und investieren 9
2.2 Liquidität 13
2.3 Risiken und Spekulation 16
2.4 Börsen 21

3. Wer nutzt Kapitalmärkte? 24

3.1 Etwas allgemeiner: Intermediäre 24
3.2 Banken 27
3.3 Versicherungen und betriebliche Altersvorsorge 32
3.4 Fondsgesellschaften und Hedgefonds 34
3.5 Unternehmen, Private Equity, Staat und Privatanleger 39

4. Was wird an Kapitalmärkten gehandelt? 43

4.1 Aktien 43
4.2 Anleihen 47
4.3 Devisen 53
4.4 Derivate 56
4.5 Andere Produkte 61

5. Welche Ideen bewegen Kapitalmärkte? 63

5.1 Rendite, Risiko, Alpha und Beta 63
5.2 Zinsen und Diskontierung 68
5.3 Portfoliomanagement 71
5.4 Chaos, Zufall und schwarze Schwäne 76
5.5 Kapitalmarktprognosen, effiziente Märkte und Börsengurus 81
5.6 Psychologie und Kapitalmärkte 86

6. Welche Probleme haben Kapitalmärkte? 91

6.1 Kapitalmarktkrisen: Das Drehbuch 91
6.2 Der große Crash 1929 94
6.3 Flash-Crashs und dicke Finger 98
6.4 Währungskrisen 101
6.5 Die amerikanische Immobilienkrise 104
6.6 Börsenverbrechen: Insider-Handel, Frontrunning und andere Betrügereien 109
6.7 Aufsichtsbehörden und Anlegerschutz 113

7. Wie sieht die Zukunft der Kapitalmärkte aus? 117

8. Was sollte man beim Gang an Kapitalmärkte beachten? 121

9. Fazit: Keine Angst vor Monstern 125

Anmerkungen 126

Literatur 129

Stichwortverzeichnis 131

1. Vorwort: Sind Kapitalmärkte Monster?

„Monster" hat der ehemalige Bundespräsident Horst Köhler Kapitalmärkte genannt. Die Süddeutsche Zeitung spricht davon, dass man „... das Monster an die Kette legen müsse".[1] Ungezügelte Gier, wilde Spekulation ohne höheren Sinn, unnötige, unverständliche Finanzprodukte, rücksichtslose Banker, die sich im Zweifelsfall vom Staat retten lassen – Kapitalmärkte haben nicht gerade einen guten Ruf. Aber haben sie diesen Ruf zu Recht?

Die dreifache Antwort lautet: Nein. Erstens sind Kapitalmärkte Institutionen, die von Menschen geschaffen wurden, sie führen kein Eigenleben, sie sind kein Lebewesen – folglich auch kein Monster. Zweitens sind es nicht die Kapitalmärkte, die gierig sind, die wild spekulieren, sondern die Akteure an den Kapitalmärkten, also Menschen, Menschen wie Sie, die Schwächen haben, Fehler machen und sich bisweilen von ihren Emotionen hinreißen lassen – aber sie sind Menschen, keine Monster. Man bezeichnet seine Mitmenschen nicht als Monster. Und drittens – und das ist die wichtigste Antwort –, selbst wenn Kapitalmärkte Monster sind, so sind sie doch notwendige Monster, denn ohne Kapitalmärkte würden in den westlichen Industrienationen rasch die Lichter ausgehen, und das ist wörtlich gemeint.

Kapitalmärkte sind eine wichtige Institution, ohne die ein Industriestaat nicht funktionieren würde, und da an ihnen Menschen agieren, geht es dort auch sehr menschlich zu. Zudem sind Kapitalmärkte komplizierte Gebilde, die bisweilen schwer durchschaubar sind. Das hat zwei Folgen: Erstens kommt es bei komplizierten Gebilden vor, dass sie nicht rund laufen, was zu Komplikationen, Missverständnissen und Problemen führt; das ist das, was die Medien dann „Kapitalmarktkrisen" oder „Verwerfungen" nennen. Die zweite Folge ist etwas subtiler: Weil Kapitalmärkte so schwer zu verstehen sind, werden sie rasch missverstanden, machen sie Angst. Und das ist der Punkt, an dem Kapitalmärkte zu Monstern werden: Was wir nicht verstehen, macht uns Angst, und was uns Angst macht, taufen wir „Monster".

Ein großer Teil der Aufregung um Kapitalmärkte rührt also daher, dass viele Menschen nicht genau verstehen, was auf Kapitalmärkten geschieht. Wenn ein Aktienindex an einem Tag um 22 Prozent fällt, erscheint uns das als Ausdruck des Irrsinns, weil wir nicht genau verstehen, wie das passieren konnte, und noch weniger wissen wir, was das für Wirtschaft, Staat und Bürger bedeutet. Und am Ende steht die Angst vor einem Monster.

Aber Angst und Unwissenheit sind schlechte Ratgeber, sie lassen einen nachts schlecht schlafen und führen zu falschen Entscheidungen, privat wie politisch. Wer Angst hat vor Kapitalmärkten, verpasst Chancen, seine privaten Finanzen zu verbessern, und Politiker, die Angst vor der Börse haben, treffen falsche Entscheidungen, was die Regulierung von Finanzmärkten angeht, mit massiveren Folgen für unseren Wohlstand, als man vermuten könnte.

Das einzige Gegenmittel gegen diese Form der Angst ist Wissen, ist Aufklärung. Wer erkennt, wie Kapitalmärkte funktionieren, muss sie nicht fürchten. Wer weiß, wer an den Kapitalmärkten handelt, verfällt nicht dem Irrtum, dass Märkte Monster sind. Wer versteht, welche Produkte dort gehandelt werden, kann davon profitieren. Und wer lernt, was die wahren Probleme von Kapitalmärkten sind, kann eine kluge Politik verfolgen. In diesem Sinne soll dieser kleine Band Ihnen dabei helfen, Kapitalmärkte zu verstehen, zu lernen, wie sie funktionieren, zu erkennen, welche wichtige Rolle sie in einer modernen Volkswirtschaft spielen, ohne zu unterschlagen, welche Probleme diese Märkte mit sich bringen. Das geht auch ohne Vorkenntnisse, Fachjargon, Formeln oder angelsächsische Imponiervokabeln. Und wenn Sie am Ende dieses Buches verstehen, was Kapitalmärkte sind und wie sie ticken, werden Sie die Angst vor ihnen verlieren. So ist das mit Monstern: Hat man erst einmal verstanden, dass es keine gibt, verliert man auch die Angst vor ihnen.

2. Warum brauchen wir Kapitalmärkte?

2.1 Sparen und investieren

Vermutlich haben Sie sich noch nie gefragt, welche Rolle Kapitalmärkte für Ihr Leben spielen – Sie wären überrascht, wie groß diese Rolle ist. Es fängt an mit dem, was die schwäbische Hausfrau empfiehlt: Sparen. Wenn am Ende des Monats noch Geld übrig ist, legt man etwas davon zurück, für unvorhergesehene Notfälle, für eine geplante größere Anschaffung, für den Ruhestand oder die Ausbildung der Kinder – Gründe und Motive fürs Sparen gibt es mehr als genug. Sie könnten das Geld, das Sie sparen wollen, unter die Matratze legen, aber abgesehen davon, dass das recht unpraktisch wäre, wäre es auch wenig sinnvoll. Stattdessen, so die Überlegung, lassen Sie Ihr Geld für sich arbeiten, indem Sie es jemandem zur Verfügung stellen, der damit etwas anfangen kann und es Ihnen später zurückzahlt – inklusive einer kleinen Vergütung dafür, dass Sie ihm das Geld überlassen haben. Das Ganze nennen Ökonomen „Sparen".

Der Kern des Sparens ist also, dass Menschen, deren Einkommen größer ist als ihre laufenden Ausgaben, diesen Überschuss anderen Menschen zur Verfügung stellen, deren Einkommen geringer ist als ihre laufenden Ausgaben und die deswegen temporär mehr Geld benötigen. Und als Vergütung dafür, dass man Geld überlassen bekommt, zahlt man etwas mehr zurück als den ursprünglichen Betrag, den man sich geliehen hat. Dieser Vorgang ist im Grunde genommen das, was auf Finanzmärkten gemacht wird: Sparer stellen ihre Ersparnisse zur Verfügung, Investoren nehmen dieses Geld, arbeiten damit (kaufen beispielsweise Firmen oder investieren in Maschinen); und nach einer vorher vereinbarten Zeit zahlen sie dieses Geld wieder an die Sparer zurück, inklusive einer Vergütung für die Überlassung des Geldes (die nennt sich dann beispielsweise Dividende oder Zins).

Den Sparern stehen also Menschen gegenüber, deren laufende Ausgaben größer sind als ihre laufenden Einnahmen, die also darauf angewiesen sind, dass man ihnen Geld zur Verfügung stellt – sei es für größere Anschaffungen, für einen Hausbau, für die Finanzierung eines Unternehmens oder andere Vorhaben. Wir nennen sie „Investoren".

Die Sparer haben also Geld, das sie derzeit nicht benötigen und den Investoren zur Verfügung stellen könnten, vorausgesetzt, man findet sich und kann sich über die Konditionen einigen, zu denen die Sparer den Investoren das Geld überlassen. Hier kommen Kapitalmärkte ins Spiel: Sie bringen die Sparer und die Investoren zusammen. Sie können sich das wie einen Wochenmarkt vorstellen, auf dem sich Sparer und Investoren treffen und ihre Angebote öffentlich an eine Tafel schreiben. Die Sparer geben bekannt, welche Summen sie anbieten, wie lange sie diese verleihen wollen, wie viel sie für die Überlassung des Geldes verlangen und welches Risiko sie dabei eingehen wollen. Die Investoren machen öffentlich, wie viel Geld sie für welchen Zeitraum benötigen, was sie bereit sind, dafür zu bezahlen, und welches Risiko sie mit dem geliehenen Geld eingehen wollen. Und wenn jeder das Angebot des anderen kennt, finden sich die Sparer und Investoren, deren Wünsche übereinstimmen – der Sparer stellt dem Investor sein Geld zur Verfügung, der damit arbeiten kann.

Das sind also Kapitalmärkte: Orte, an denen Anbieter von Kapital, die Sparer, Menschen finden, die dieses Kapital verwenden wollen, sogenannte Investoren (über den Unterschied zwischen Geld und Kapital sprechen wir später, der Einfachheit halber ignorieren wir diese begriffliche Klippe hier erst einmal). Immer, wenn Sie etwas sparen wollen – warum auch immer – oder mehr Geld benötigen, als Sie zur Verfügung haben, brauchen Sie Kapitalmärkte, denn dort finden Sie jemanden, der bereit ist, Ihr Geld zu nehmen oder Ihnen welches zur Verfügung stellt. Der Einwand, dass Sie keine Kapitalmärkte benötigen, weil Sie das alles mit Ihrer Bank abwickeln, sticht nicht, denn was glauben Sie, woher die Bank das Geld bekommt, das sie Ihnen leiht, und was sie mit dem Geld macht, das Sie der Bank anvertrauen? Genau, die Banken gehen an die Kapitalmärkte, sie sind das, was man in der Fachsprache „Intermediäre" nennt, zwischengeschaltete Vermittler zwischen Ihnen und den Kapitalmärkten (wir schauen uns die Rolle der Banken in Kapitel 3.2 näher an).

Damit haben wir den Kern von Kapitalmärkten erfasst: Kapitalmärkte sind Orte, an denen Ersparnisse in Investitionen umgewandelt werden, indem die Sparer ihre Mittel den Investoren zur Verfügung stellen. Der Idealfall sieht wie folgt aus: Der Sparer überlässt Geld, das er zum gegenwärtigen Zeitpunkt nicht benötigt, dem Investor, der aktuell mehr Geld benötigt, als er hat. Dieses Geld nutzt der Investor beispielsweise, um ein Unternehmen auf- oder auszubauen oder ein Geschäft voranzutreiben. Geht das Geschäft gut, so erwirtschaftet er einen Gewinn, aus dem er das geliehene Geld plus einer angemessenen Vergütung zurückzahlen kann, wobei zusätzlich noch etwas für ihn übrig bleibt. Läuft das so, kennt dieses Geschäft nur Gewinner. Der Sparer hat sein Kapital arbeiten lassen und vermehrt, der Investor konnte sein Vorhaben finanzieren, und der Gewinn dieses Vorhabens wird – zu welchen Anteilen auch immer – zwischen Sparer und Investor geteilt (der Investor macht nach Abzug aller Kapitalkosten einen Gewinn, der Sparer bekommt sein Geld plus einer Entschädigung für das zeitweilige Überlassen der Ersparnisse zurück). Ohne Kapitalmärkte wären also größere Projekte, die mit fremdem Kapital finanziert werden müssen, nicht möglich, ebenso wenig wie größere Anschaffungen, für die man einen Kredit aufnehmen muss. Eine moderne, arbeitsteilige Wirtschaft wäre ohne Kapitalmärkte nicht denkbar – niemand kann ein Unternehmen ohne fremdes Kapital gründen, finanzieren und am Laufen halten. Und keine Privatperson (oder nur die wenigsten) kann ein Haus ohne fremdes Geld finanzieren.

Es gibt einen weiteren Nutznießer dieses Geschäfts: alle anderen Bürger. Warum? Das ist die volkswirtschaftliche Bedeutung von Kapitalmärkten. Sie sorgen dafür, dass Kapital dahin kommt, wo es am meisten bewirken kann. Anstatt dass die Ersparnisse der Sparer ungenutzt unter dem Kopfkissen liegen, werden diese über die Kapitalmärkte weitergereicht an Investoren, die damit Unternehmen gründen, Geschäfte finanzieren, Arbeitsplätze schaffen oder sichern. Auf diese Weise werden die Ersparnisse produktiv genutzt. Ökonomen sprechen davon, dass eine Allokation[2] von Kapital stattfindet, und zwar dorthin, wo es am meisten gebraucht wird und am besten verwendet werden kann.

Doch woher können wir wissen, dass das Kapital seiner bestmöglichen Verwendung zugeführt wird, wenn es an Kapitalmärkten gehandelt wird? Ganz einfach, derjenige, der die besten Verwertungsmöglichkeiten für das Kapital sieht (also die beste Idee, wie man es gewinnbringend einsetzen kann), ist in der Lage, dem Sparer die höchste Vergütung für die Überlassung von Kapital anzubieten. Wenn also Investor A ein Projekt im Auge hat, das einen Gewinn (als Fachbegriff wird oft das Wort „Rendite" benutzt) von, sagen wir, zwei Prozent hat, und Investor B hat ein Projekt, das vier Prozent Rendite verspricht, so kann Investor B (unter ansonsten gleichen Umständen) dem Sparer für die Überlassung des Kapitals eine höhere Prämie anbieten als Investor A – deswegen wird er das Geld des Sparers bekommen. Das Kapital landet dort, wo es die höchsten Erträge verspricht.

Das ist die volkswirtschaftliche Bedeutung von Kapitalmärkten. Sie sorgen dafür, dass knappe Mittel dahin fließen, wo sie am dringendsten benötigt werden, den höchsten Ertrag versprechen, was gleichbedeutend damit ist, dass diese Mittel ihrer besten Verwendungsmöglichkeit zugeführt werden – das Ergebnis dieses Prozesses nennen Ökonomen „Wachstum". Es ist kein Zufall, dass alle reichen, entwickelten Volkswirtschaften über entwickelte Kapitalmärkte verfügen – sie sind die Grundvoraussetzung dafür, dass eine Volkswirtschaft sich entwickeln kann. Natürlich gehen mit Kapitalmärkten auch Probleme einher (denen wir uns in späteren Kapiteln widmen), aber ohne Kapitalmärkte sind die Probleme größer.

Auf einen Blick – Sparen und Investieren

Kapitalmärkte sind Orte, an denen Menschen, die (überschüssiges) Geld anlegen wollen (Sparer), auf Menschen treffen, die sich Geld leihen wollen, um damit Projekte zu finanzieren (beispielsweise Unternehmen finanzieren oder gründen) – diese nennt man Investoren. Damit sind Kapitalmärkte wie alle anderen Märkte Orte, an denen Angebot und Nachfrage nach einem Gut aufeinandertreffen. Über Kapitalmärkte wird freies Kapital dorthin gelenkt, wo es den größten Nutzen bringt; ohne Kapitalmärkte wäre eine arbeitsteilige Volkswirtschaft nicht möglich. Funktionieren sie korrekt, schaffen sie Wachstum und Wohlstand.

2.2 Liquidität

Jetzt wissen Sie, wo Sie Ihr Geld arbeiten lassen können und wo Sie Geld herbekommen, wenn Sie größere Anschaffungen oder Projekte planen. Bevor wir uns in einem nächsten Schritt anschauen, wer sich alles auf Kapitalmärkten tummelt, wollen wir kurz einige Begriffe klären, die man kennen muss, wenn man über Kapitalmärkte spricht – zudem verraten diese Begriffe etwas über weitere Funktionen von Kapitalmärkten.

Da wäre zunächst einmal die Idee der Liquidität. Das Wort „liquidus“ kommt aus dem Lateinischen und bedeutet „flüssig“. In der Betriebswirtschaftslehre bezeichnet man mit Liquidität die Fähigkeit eines Unternehmens, jederzeit seinen Verpflichtungen (aus Rechnungen oder anderen Forderungen) nachzukommen. Wer genügend Geld in der Kasse hat, um seine Schulden zu begleichen, ist liquide, also flüssig, wie man umgangssprachlich sagt. Mit Liquidität bezeichnet man aber auch die Fähigkeit, ein Wirtschaftsgut jederzeit in Geld umzuwandeln. Wenn Sie einen Rembrandt verkaufen, wandeln Sie diesen in Geld um, Sie liquidieren diesen (machen ihn also flüssig). Dabei gilt: Je leichter sich ein Wertgegenstand (das kann auch ein Wertpapier sein) in Bargeld verwandeln lässt, umso liquider ist er. Bargeld weist also sozusagen die höchste Liquiditätsstufe auf,

Ihr Geld auf dem Girokonto ist sehr liquide (Sie können es jederzeit abheben und in Bargeld verwandeln), eine Aktie ist nicht ganz so liquide (es dauert einen Moment, bis Sie einen Käufer gefunden und den Kauf abgewickelt haben), und der Rembrandt ist recht illiquide (also wenig liquide, bis Sie da einen Käufer gefunden haben, kann es dauern).

Und was haben Kapitalmärkte damit zu tun? Ganz einfach: Kapitalmärkte helfen Unternehmen, liquide zu bleiben. Wenn Lohnzahlungen anstehen, eine größere Rechnung fällig wird und das Geld in der Kasse und auf dem Konto nicht ausreicht, beschafft man sich an den Kapitalmärkten zusätzliche Mittel (Liquidität), um diesen Verpflichtungen nachzukommen. Hier erkennen Sie eine weitere wichtige Funktion von Kapitalmärkten: Sie verschaffen Unternehmen (oder Privatpersonen) Liquidität, also flüssige Mittel, wenn Bedarf dafür ist.

Stellen Sie sich beispielsweise vor, es werden plötzlich dringende Rechnungen fällig, und Ihre Kasse ist leer – Sie haben nur den Rembrandt im Keller stehen. Die Rechnung muss morgen bezahlt werden, es fehlt Ihnen Bargeld (Sie sind also gerade nicht liquide), aber bis Sie den Rembrandt verkauft haben, dauert es zu lange (weil er ein eher illiquider Gegenstand ist) – was also tun? Eine Möglichkeit ist es, an die Kapitalmärkte zu gehen und sich dort das Geld zu beschaffen; dann können Sie Ihre Rechnungen zahlen, ohne dass Sie den Rembrandt in einer Hauruckaktion verkaufen müssen.

Warum wäre es fatal, den Rembrandt so schnell wie möglich zu verkaufen? Ganz einfach: Weil der Rembrandt ein wenig liquider (also illiquider) Vermögensgegenstand ist – wollten Sie ihn verkaufen, würde es lange dauern, bis man jemanden gefunden hat, der bereit, willens und in der Lage ist, ihn zu dem Preis zu kaufen, zu dem Sie ihn verkaufen wollen. Wenn Sie ihn rasch verkaufen wollen, ginge das nur, wenn Sie ihn zu einem deutlich niedrigeren Preis verkaufen würden (man nennt das „Fire Sale“, Notverkauf). Im schlimmsten Fall können Sie sich das so vorstellen: Sie benötigen jetzt auf der Stelle, sagen wir,

1000 Euro, und haben nur den Rembrandt. Ihr Nachbar bietet Ihnen an, diesen zu kaufen – für 1000 Euro. Natürlich ein lächerlicher Preis, aber weil Sie das Geld sofort benötigen, willigen Sie ein. Und das alles nur, weil Sie einen illiquiden Vermögensgegenstand unter Zeitdruck verkaufen müssen – hätten Sie mehr Zeit, könnten Sie länger nach jemandem suchen, der Ihnen mehr bezahlt. Kapitalmärkte verschaffen Ihnen Liquidität und schützen Sie vor solchen (teuren) Notverkäufen[3].

Der Begriff „Liquidität" hat auf Kapitalmärkten eine weitere wichtige Bedeutung. Man nennt einen Markt liquide, wenn die darauf gehandelten Werte und Wertgegenstände (beispielsweise Wertpapiere, Häuser, Kunst) jederzeit zu einem Preis verkauft werden können, der nahe beim langfristigen Wert dieser Gegenstände liegt. Der Markt für Ihren Rembrandt ist eher illiquide, weil es eine ganze Weile dauert, bis Sie diesen zu einem (wie auch immer definierten) angemessenen Preis verkaufen können. Der Markt für Aktien hingegen ist sehr liquide, weil Sie eine Aktie innerhalb kürzester Zeit zu einem angemessenen Preis verkaufen können – zumindest in normalen Zeiten. Dabei gilt als Faustregel: Je mehr gleichartige Gegenstände auf einem Markt gehandelt werden und je mehr Teilnehmer sich auf einem Markt tummeln, umso liquider ist er. Aktienmärkte sind also liquide, weil auf ihnen in der Regel Hunderttausende Aktien von vielen Anlegern gehandelt werden, die alle gleich sind. Der Markt für Rembrandt-Gemälde hingegen ist eher illiquide, weil es nur wenige Rembrandts gibt und nur wenige Interessenten, die in der Lage sind, den hohen Preis zu zahlen. Der Immobilienmarkt gilt gemeinhin auch als wenig liquide, es werden zwar viele Immobilien ge- und verkauft, aber keine Immobilie gleicht der anderen. Im Grunde genommen werden dort permanent Einzelstücke gehandelt, was es schwieriger macht, einen Käufer (Verkäufer) zu finden, der genau das sucht (anbietet), was man selbst gerade anbietet (sucht). Noch ein Fachbegriff: Illiquide Märkte werden oft auch als „enge Märkte" bezeichnet.

Damit haben wir eine weitere wichtige Funktion von Kapitalmärkten kennengelernt. Märkte sorgen für Liquidität im doppelten Sinne. Sie ermöglichen es Unternehmen und Privatpersonen, liquide zu bleiben, und sie schaffen einen Ort, an dem man Vermögensgegenstände schnell und ohne große Preisnachlässe verkaufen (oder kaufen) kann.

Auf einen Blick – Liquidität

Kapitalmärkte versorgen Unternehmen und Privatpersonen mit Liquidität, d. h. braucht jemand kurzfristig Mittel zur Begleichung von Rechnungen oder anderen Verpflichtungen, so kann er sie sich hier beschaffen. Je bargeldnäher ein Vermögensgegenstand ist, umso liquider ist er. Muss man illiquide Vermögensgegenstände schnell zu Geld machen, kann man sie zumeist nur unter ihrem langfristigen Wert verkaufen. Ein Kapitalmarkt gilt als liquide, wenn man dort in kurzer Zeit das an diesem Markt gehandelte Gut zu einem angemessenen Preis verkaufen kann. Je illiquider ein Markt ist, desto länger dauert es, das betreffende Gut zu verkaufen, und je eiliger man es mit dem Verkauf hat, desto mehr Abstriche muss man beim Preis hinnehmen.

2.3 Risiken und Spekulation

Kapitalmärkte können noch etwas, was für Unternehmen und Volkswirtschaften wichtig ist. Sie können Risiken verschieben und verteilen. Dazu ein einfaches Beispiel: Sie wollen ein Unternehmen gründen und hätten auch genügend Kapital dafür – aber wenn die Sache schiefgeht, ist Ihr gesamtes Kapital weg und Sie müssten unter der Brücke schlafen. Zu viel Risiko. Hier kommen Ihnen Kapitalmärkte zu Hilfe. Sie suchen sich über die Kapitalmärkte Partner, die bereit sind, sich (gegen eine angemessene Entlohnung) an Ihrem Unternehmen zu beteiligen. Geht es gut, bekommen Sie zwar weniger Gewinn, weil Sie einen Teil Ihrer Gewinne dazu verwenden müssen, Ihre Partner auszuzahlen, geht es aber schief, verlieren Sie nicht alles, einen Teil des Risikos tragen Ihre Partner, die Sie über die Kapitalmärkte gefunden haben. Das Risiko verteilt sich also auf mehrere Schultern, statt nur auf einer Person zu lasten. Diese Verteilung von Risiken macht viele Großprojekte erst möglich – wer würde schon allein eine Bohrinsel versichern oder ein Atomkraftwerk bauen? Auch hier ist zu vermuten, dass die Risiken bei funktionierenden Kapitalmärkten auf den Schultern landen werden, die sie am besten tragen können: Wer Risiken übernimmt, wird dafür in Form höherer Gewinnaussichten entlohnt, und derjenige, der sich das Risiko am meisten leisten kann, wird den geringsten Gewinn verlangen (wenn Sie sich ein Risiko leisten können, werden Sie eine geringere Gewinnbeteiligung fordern, als wenn dieses Risiko Sie um Kopf und Kragen bringen würde); und derjenige, der die geringste Entschädigung für die Übernahme des Risikos fordert, wird dieses auch übernehmen.

Wie wir in Kapitel 4.4 sehen werden, ermöglichen Kapitalmärkte auch, sich gegen viele Risiken abzusichern. Das wichtigste Instrument hierzu sind sogenannte Derivate. Die genaue Definition schauen wir uns in Kapitel 4.4 an, hier reicht die Idee, dass man mittels Derivaten Wetten abschließen kann. Die ältesten Derivate sind vermutlich mehrere Tausend Jahre alt und finden sich in der Landwirtschaft. Wenn Sie ein Bauer sind, wird das Wetter für Sie zum Risiko, weil es die Menge und Qualität Ihrer Ernte bestimmt – schlechtes Wetter wird da rasch zur Existenzbedrohung. Mithilfe einer einfachen Wette können Sie dieses Risiko ausschalten. Sie wetten darauf, dass die Preise niedrig sein werden. Gewinnen Sie die Wette, erhalten Sie einen Wetteinsatz, der Sie für die niedrigen Preise entschädigt; verlieren Sie, müssen Sie den Wetteinsatz leisten, was aber nicht so schlimm ist, da die Preise ja hoch sind.

Das funktioniert wie folgt: Sie verkaufen Ihre Ernte heute schon – bevor überhaupt feststeht, wie viel Sie ernten werden – zu einem festen Preis an Ihre Abnehmer. Das Risiko sinkender Preise ist damit verschwunden. Für den Abnehmer Ihrer Ernte ist diese Wette ebenfalls eine gute Sache. Er wettet, dass die Preise steigen werden; hat er recht, bekommt er den Wetteinsatz, der ihn für die steigenden Preise entschädigt. Sind die Preise niedrig, muss er den Wetteinsatz zahlen, was aber nicht so schlimm ist, schließlich wird er durch die niedrigen Preise finanziell an anderer Stelle entlastet.

Konkret nennen sich diese (De-facto-)Wetten „Absicherungsgeschäfte“ und werden an der Börse gehandelt. Sie wetten also, dass die Erntepreise in den Keller rutschen, und verkaufen Ihre Ernte heute zum Festpreis. Haben Sie Recht, bekommen Sie den garantierten Preis, Ihr Abnehmer muss dann trotz niedriger Preise den zuvor vereinbarten (höheren) Preis zahlen. Sie haben das Risiko sinkender Preise beseitigt (in der Fachsprache sagt man auch „gehedgt“[4] dazu). Gehen aber die Preise durch die Decke, so gewinnt Ihr Abnehmer, er hat sozusagen gewettet, dass die Preise steigen, und bekommt als Wetteinsatz die Ernte zum vorher festgelegten Preis, der in diesem Szenario niedriger ist als der tatsächliche Preis.

Wie Sie sehen, dienen solche Geschäfte der Absicherung von Risiken und sind damit extrem hilfreich und wichtig. De facto handelt es sich um Wetten, das Wort „Wette“ suggeriert allerdings etwas Anrüchiges, Unseriöses, zumindest wird das oft so wahrgenommen. Eine Rentenversicherung ist genau genommen auch eine Wette: Sie zahlen während Ihres Erwerbslebens regelmäßig Beiträge an Ihren Versicherer, und der zahlt Ihnen bei Eintritt ins Rentenalter eine monatliche Rente. Streng genommen ist das eine Wette, denn je länger Sie leben, umso mehr lohnt sich dieses Geschäft für Sie. Sie wetten also darauf, dass Sie lange leben werden (und der Versicherer mehr zahlen muss, als Sie ihm gezahlt haben), der Versicherer hält dagegen und wettet, dass Sie nicht so alt werden (und damit die ganze Sache für ihn lukrativ ist). Finden Sie eine solche Wette verwerflich?

Womit wir beim Begriff der Spekulation wären. Dieses Wort leitet sich ab vom lateinischen „speculatio“, was so viel bedeutet wie „Auskundschaftung, Beschauen“. Wer spekuliert, macht sich Gedanken um den ungewissen Ausgang zukünftiger Ereignisse. Damit ist auch eine Wette eine Spekulation, denn man macht sich Gedanken darum, wie etwas ausgeht („Werden die Erntepreise steigen oder fallen?“). Wenn Sie so wollen, spekulieren wir ständig – wenn wir das Haus verlassen und einen Regenschirm mitnehmen, spekulieren wird darauf, dass es regnen wird, wenn wir eine Versicherung abschließen, spekulieren wir darauf, dass der Schadensfall eintreten wird (sonst würden wir die Versicherung nicht abschließen), und wenn wir Aktien kaufen, spekulieren wir darauf, dass diese an Wert gewinnen. Allerdings spekulieren Sie auch, wenn Sie keine Aktien kaufen, denn dann unterstellen Sie eigentlich, dass keine sonderlich großen Wertzuwächse bei Aktien zu erwarten sind.[5]

An Kapitalmärkten bezeichnet man als Spekulanten Teilnehmer, die Wertpapiere mit Gewinnabsicht kaufen oder verkaufen – so eng definiert bedeutet das, dass jeder, der Wertpapiere kauft, ein Spekulant ist, und in der medialen Wahrnehmung tun Spekulanten etwas Verwerfliches. Meint man aber nicht alle Teilnehmer an Kapitalmärkten, so muss man den Vorwurf des Spekulanten wohl enger fassen, und hier wird es ungenau: Wer Spekulanten als moralisch verwerfliche Menschen darstellt (was in den Medien oft und gern getan wird), meint damit oft Marktteilnehmer, die erstens Wertpapiere schnell verkaufen und kaufen, die zweitens kein Interesse an den Werten selbst haben, sondern nur auf Gewinne aus sind oder die drittens auf dem Rücken anderer ihre Gewinne einfahren. Was ist davon zu halten?

Der erste Vorwurf – der schnelle An- und Verkauf von Wertpapieren (sogenanntes High Frequency Trading, also Handeln im Millisekundentakt) – ist schwer zu präzisieren. Ab wann ist der Handel mit Wertpapieren zu „schnell“? Wie lange muss man seine Wertpapiere halten, bis man kein moralisch verwerflicher Mensch mehr ist? Tage? Wochen? Jahre? Der zweite Vorwurf ist noch nebulöser – was genau ist „Interesse“ an Wertpapieren? Und sind Gewinne verwerflich? Sollten Sie diese Frage mit „Ja“ beantworten, dürften Sie nichts mehr tun, was Ihnen einen persönlichen Gewinn verschafft. Und solange wir nicht von Ausbeutung, Zwangsmaßnahmen oder anderen justiziablen Dingen sprechen, ist auch der Vorwurf der Gewinne auf dem Rücken anderer wachsweich – jedem potenziellen Gewinn steht in der Regel ein Verlustrisiko gegenüber. Der Gewinn ist die Belohnung dafür, dass man ein Risiko eingegangen ist. Gäbe es keine Gewinne an der Börse, würde auch niemand Risiken übernehmen.

Jenseits aller moralischen Aspekte dieses Themas tun alle, die an Kapitalmärkten handeln, etwas Positives, was der Allgemeinheit hilft: Sie stellen Liquidität zur Verfügung. Jeder Akteur, der Wertpapiere kauft oder verkauft – aus welchen Motiven auch immer – macht den Markt liquider und damit funktionsfähiger und sorgt dafür, dass man bessere Preise für die dort gehandelten Wertpapiere oder Vermögensgegenstände bekommt.

Als Letztes sollte man Spekulation – wie auch immer man diese definieren will – abgrenzen von dem, was sich Arbitrage nennt: die Ausnutzung räumlicher oder zeitlicher Preisunterschiede bei ansonsten gleichen Gütern. Sie können sich beispielsweise Geld verdienen, indem Sie im Supermarkt billiges Bier kaufen, damit an den Strand oder zu einem Festival fahren, wo Bier wesentlich teurer ist, und dort Ihr mitgebrachtes Bier zu einem höheren Preis verkaufen – das nennt man Arbitrage.

Auf einen Blick – Risiken

Kapitalmärkte ermöglichen die Verteilung von Risiken, indem ein Großrisiko auf mehrere Schultern verteilt wird. Dabei wird das Risiko potenziell bei den Marktteilnehmern landen, die es am besten schultern können – Risiken werden so gut wie möglich gestreut. Zudem ermöglichen sie über sogenannte Absicherungsgeschäfte (Hedges) die Absicherung gegen Risiken jeglicher Art. Letztlich sind solche Absicherungsgeschäfte Wetten auf das Eintreffen bestimmter Ereignisse (beispielsweise sinkende oder steigende Preise). An der Börse finden auch Arbitragegeschäfte statt, damit bezeichnet man die Ausnutzung zeitlicher oder räumlicher Preisunterschiede.

2.4 Börsen

Kapitalmärkte sind also im Grunde genommen vergleichbar mit einem Wochenmarkt, auf dem Gemüse und Obst gehandelt wird, nur dass dort Wertpapiere oder andere Anlageobjekte gehandelt werden. Und genauso wie ein Wochenmarkt regelmäßig an einem bestimmten Ort stattfindet (beispielsweise jeden Samstag auf dem Marktplatz), gibt es (oder gab es zumindest früher) feste Orte und Zeiten, an denen sich Menschen treffen, die Wertpapiere oder andere Anlageobjekte kaufen oder verkaufen wollen – das sind die sogenannten Börsen. Eine Börse ist also nichts anderes als ein Ort, an dem Wertpapiere oder andere Vermögensgegenstände gehandelt werden.

Dabei gibt es Börsen für jede Art von Anlageobjekt. An Aktienbörsen werden Aktien gehandelt, auf Anleihemärkten Anleihen, es gibt spezielle Warenbörsen, an denen Waren und Rohstoffe gehandelt werden (anfangs waren das vor allem landwirtschaftliche Erzeugnisse oder importierte Güter), später wurden daraus Börsen, die sich auf bestimmte Waren oder Güter spezialisierten (beispielsweise Kaffee, Orangensaftkonzentrate, Schweinebäuche, Metalle). Es gibt spezielle Börsen für sogenannte Termingeschäfte (die wir in Kapitel 4.4 kennenlernen werden, das sind Terminbörsen oder Warenterminbörsen) und mittlerweile gibt es auch Börsen, an denen Energie, Strom oder Emissionsrechte gehandelt werden.

In den Anfangsjahren der Kapitalmärkte ähnelten diese Börsen einem Wochenmarkt: An einem festen Platz trafen sich Händler und handelten unter lautem Geschrei Aktien, Anleihen, Schweinebäuche und Gold. Diese sogenannten Präsenzbörsen (das ist der sogenannte Parketthandel) werden mittlerweile abgelöst von elektronischen Börsen; der Handel findet am Bildschirm in den Weiten des Internets statt (Computerbörsen). Die Abwicklung von Kauf- und Verkaufsaufträgen (auch Orders genannt) erfolgt hier elektronisch, auf den Präsenzbörsen wurde hier noch ein Makler oder Market-Maker zwischengeschaltet.

Eine Besonderheit von Börsen ist, dass oftmals zwischen den eigentlichen Käufern und Verkäufern kein direkter Kontakt besteht. Der Handel wird über Zwischenhändler abgewickelt, das sind beispielsweise Banken (oder Wertpapierbanken), Broker oder Wertpapierhändler. Wenn Sie also beispielsweise Aktien kaufen wollen, so tun Sie das nicht direkt an der Börse, sondern erteilen Ihrer Bank oder einem spezialisierten Wertpapierhändler (Makler oder Broker genannt) einen entsprechenden Auftrag, der Ihren Auftrag an der Börse für Sie abwickelt. Wenn Sie an Kapitalmärkten investieren wollen, gehen Sie zuerst zu einer Bank oder einem Broker und eröffnen dort ein sogenanntes Depot, in dem alle Wertpapiere verwahrt werden, die Sie kaufen. Dabei verwahrt Ihre Bank die Wertpapiere nur, Sie sind jederzeit Eigentümer dieser Papiere.

Eine Börse als etablierter Handelsplatz mit festen Regeln und Teilnehmern ist sinnvoll, sie erfüllt drei Funktionen:

Erstens versorgen Börsen alle Marktteilnehmer mit Informationen. Wenn alle Wertpapiere zentral gehandelt werden, ist es möglich, jederzeit einen Marktpreis für ein Wertpapier zu erfahren. Würde jeder Marktteilnehmer für sich allein handeln, woher wollte man dann wissen, wie hoch der aktuelle Preis (den man auch Kurs nennt) ist? Über die Börse erfährt man jederzeit, was für welches Wertpapier gezahlt wird.

Zweitens sorgen Börsen für einen Ausgleich von Angebot und Nachfrage an Wertpapieren. Vereinfacht wird das am Beispiel des sogenannten Orderbuches klar: In diesem Buch werden alle Kauf- und Verkaufsaufträge gesammelt und sortiert, dann wird anhand der vorhandenen Aufträge versucht, Kauf- und Verkaufsaufträge so gut wie möglich zusammenzuführen. Früher wurde diese Arbeit von Menschen gemacht, die man Kursmakler, Skontoführer oder Spezialist nennt, heute übernehmen zunehmend elektronische Systeme diese Aufgabe. Das Ziel besteht darin, möglichst viele Kauf- und Verkaufsaufträge so gut wie möglich zu koordinieren, und das ist einfacher, wenn alle Aufträge über dieselbe Plattform – also die Börse – gehen.

Drittens kümmern sich Börsen um die Ausführung und Abwicklung (Settlement) der Geschäfte – eine wichtige Dienstleistung. Käufe und Verkäufe müssen verbucht, Zahlungen verrechnet werden, und Wertpapiere müssen ihren neuen Besitzern zugeordnet und verwaltet werden. Um dieses Geschäft herum gibt es noch eine Menge Dienstleister.

Börsen unterliegen vielen rechtlichen Regulierungen und einer gesetzlichen Überwachung (einiges davon werden wir uns in Kapitel 6.7 anschauen), allerdings gibt es auch einen sogenannten außerbörslichen Handel (auch Over-the-counter-Handel[6], OTC, genannt), in dem vor allem große Teilnehmer wie Banken oder Versicherungen untereinander handeln, auch außerhalb der regulären Börsenzeiten.

Auf einen Blick – Börsen

Der Handel mit Wertpapieren oder anderen Vermögensgegenständen wird zumeist nach festen Regeln an sogenannten Börsen organisiert; hier werden die Preise ermittelt, die Kauf- und Verkaufsaufträge miteinander abgeglichen und eine Reihe weiterer Dienstleistungen rund um den Wertpapierverkauf erbracht.

---

3. Wer nutzt Kapitalmärkte?

3.1 Etwas allgemeiner: Intermediäre

Die einfache Antwort auf die Frage, wer Kapitalmärkte nutzt, lautet: jeder. Privatleute, Banken, Versicherungen, Kommunen, Länder, Staaten – niemand kommt heute noch darum herum, Kapitalmärkte zu nutzen. Aber die meisten von uns handeln nicht direkt an den Kapitalmärkten, sondern nutzen Vermittler, sogenannte Intermediäre. Diese Intermediäre sammeln Kapital von vielen Einzelpersonen ein und gehen mit den eingesammelten Geldern an die Kapitalmärkte. Sie können sich das vorstellen wie einen großen Topf, in den viele Einzelpersonen ihr Geld werfen. Der Intermediär nimmt diesen großen Topf voller Geld und verwaltet es, legt es also an den Kapitalmärkten an. Das hat drei wichtige Vorteile, von denen Sie als Privatperson profitieren: Losgrößentransformation, Fristentransformation und Risikotransformation. Klingt nur kompliziert, ist rasch erklärt.

Losgrößentransformation bedeutet, dass viele kleine Beträge in einen großen Betrag verwandelt werden (oder andersherum). Stellen Sie sich vor, Sie wollen 1000 Euro anlegen. Für große Unternehmen ist das kein Betrag, ein Unternehmen benötigt eher eine Million Euro, wenn es sich an den Kapitalmärkten Mittel beschaffen will. Nun wäre es für ein Unternehmen recht mühevoll, 1000 Kleinanleger zu finden, die jeder 1000 Euro verleihen wollen – aber das ist gar nicht nötig, denn dafür gibt es Finanzintermediäre. Die sammeln von 1000 Kleinanlegern jeweils 1000 Euro ein und reichen diese weiter an ein Unternehmen, das eine Million Euro benötigt. Aus 1000 kleinen Beträgen wird also ein großer Betrag gemacht, indem diese alle in einen Topf geworfen werden, genau das ist Losgrößentransformation. Der Vorteil: Kleinanleger mit wenig Geld könnten sonst nie in Großprojekte investieren, und Großunternehmen müssten mühevoll bei Hunderttausenden von Anlegern Geld einsammeln, wenn sie größere Beträge benötigen. Stattdessen sammeln die Intermediäre das kleine Geld ein, verwalten es und machen große Beträge daraus. Das ist Losgrößentransformation.

Die Fristentransformation ist ähnlich: Stellen Sie sich vor, Sie möchten Geld verleihen, aber nur für ein Jahr, dann brauchen Sie es selbst. Sie müssten also jemanden finden, der genau für ein Jahr den Betrag sucht, den Sie investieren wollen. Schwierig. Über einen Finanzintermediär ist das einfacher: Sie geben ihm Ihr Geld (werfen es also in den großen Topf) und teilen ihm mit, dass Sie das Geld in einem Jahr wiederhaben wollen (meistens müssen Sie noch nicht einmal das). Der Intermediär verleiht das Geld weiter, für zwei, drei oder 20 Jahre – wie kann er das machen? Ganz einfach: Er hat ja nicht nur Ihr Geld, sondern einen riesigen Topf mit viel Geld von vielen Anlegern, die alle ihr Geld unterschiedlich lange investieren wollen. Da es aber so viele Anleger sind, bleibt sozusagen immer ein Bodensatz an Mitteln in dem großen Topf, aus dem der Intermediär die Anleger auszahlen kann, die ihr Geld frühzeitig zurückhaben wollen. Zudem zahlen immer wieder neue Anleger in den Topf des Finanzintermediärs ein, sodass stets genügend Mittel da sind, um einzelnen Anlegern ihr Geld frühzeitig zurückzuzahlen. Auf diesem Weg wird aus vielen Beträgen, die nur für kurze Zeit angelegt werden sollen, einer (oder viele), die langfristig verliehen werden. Der Finanzintermediär investiert also Geld, das viele Kleinanleger kurzfristig anlegen wollen, langfristig, er hat kurzfristig laufende Gelder in langfristige Investments verwandelt (also transformiert).

Ganz risikolos ist diese Strategie allerdings nicht. Erstens muss dafür immer ein gewisser Bodensatz an Mitteln im Topf bleiben, also darf nicht das gesamte Geld, das die Anleger einzahlen, weitergereicht werden. Zweitens setzt sie voraus, dass immer wieder neue Anleger kommen, die Geld in den Topf einzahlen und damit die Gelder derjenigen Anleger, die Geld abziehen, ersetzen. Und drittens darf nicht der Fall eintreten, dass alle Anleger, die Geld in den Topf eingezahlt haben, ihr Geld zum gleichen Zeitpunkt zurückhaben wollen. Das funktioniert nicht, da der Großteil der Gelder vom Verwalter des Topfes langfristig angelegt worden ist. Passiert Letzteres, so spricht man von einem Run[7], bei Banken von einem Bank-Run. Wie Sie später sehen werden, funktionieren Banken und Fonds nach diesem Prinzip, weswegen sie immer der Gefahr eines solchen Runs ausgesetzt sind.

Bleibt noch der letzte Vorteil, den Finanzintermediäre bieten, die Risikotransformation. Auch das ist das gleiche Prinzip wie bei den anderen beiden Transformationsarten: Sie legen Geld in den Topf des Intermediärs und teilen ihm mit, dass Sie kein Risiko einzugehen wünschen, Sie möchten also jederzeit mindestens das ausgezahlt bekommen, was Sie reingelegt haben. Der Verwalter des Topfes kann nun Ihr Geld in ein riskantes Projekt investieren (muss er aber nicht). Da der Topf genügend groß ist und genügend Anlegergelder darin schlummern, kann er Ihnen jederzeit Ihren Einsatz auszahlen, auch wenn das Projekt in die Hosen geht und das Geld fort ist – da ist ja noch das Geld der anderen Anleger. Der Verlust geht dann zulasten des Intermediärs, Ihnen kann das egal sein (sollte das Geschäft aber ein Gewinn sein, so geht der Gewinn allerdings auf das Konto des Intermediärs, Sie haben davon nichts). Aus Geld, das Sie risikolos angelegt haben, hat der Intermediär Geld gemacht, das mit Risiko investiert wird – er hat das Risiko also transformiert.

Man muss nicht sonderlich viel Fantasie aufbringen, um das Risiko dieser Transformation zu sehen: Wenn der Intermediär zu viele Verluste einfährt, kann es sein, dass er so viel verliert, dass er den Anlegern nicht mehr das zurückzahlen kann, was er ihnen versprochen hat – dann fällt das Risiko den Anlegern gegen deren Willen auf die Füße. Wenn eine Bank (die gleichfalls ein Finanzintermediär ist) die Einlagen ihrer Kunden verzockt und nicht mehr genügend eigene Mittel hat, um ihren Kunden das Geld zurückzuzahlen, haben die Kunden ebenfalls ein Problem. Deswegen gibt es Regeln, die Banken vorschreiben, eine gewisse Menge an eigenen Mitteln zu halten (das sind die sogenannten Eigenkapitalvorschriften, die wir uns in Kapitel 3.2 anschauen werden).

Diese Leistungen – Losgrößentransformation, Fristentransformation und Risikotransformation – ermöglichen erst funktionierende Kapitalmärkte; Finanzintermediäre, die diese Aufgaben erfüllen, sind Banken, Versicherungen, Fondsgesellschaften und Hedgefonds. Schauen wir uns nun einmal die wichtigsten Akteure an Kapitalmärkten an.

Auf einen Blick – Intermediäre

Finanzintermediäre erfüllen drei wichtige Funktionen: Losgrößentransformation, Fristentransformation und Risikotransformation. Bei der Losgrößentransformation werden viele kleine Beträge in einen großen (Anlage-)Betrag verwandelt, bei der Fristentransformation werden Beträge mit unterschiedlichen Laufzeiten in Beträge mit anderen Laufzeiten umgewandelt und bei der Risikotransformation werden Gelder hinsichtlich ihrer Risikobereitschaft umgewandelt. Das Geschäftsmodell der Intermediäre beruht darauf, dass sie Mittel von vielen Anlegern einsammeln und in einen Topf werfen (man spricht auch davon, dass die Mittel „gepoolt" werden). Durch die große Masse an Mitteln im Topf kann der Intermediär den Anlegern jederzeit wieder deren Gelder zurückzahlen, ohne dabei illiquide zu werden.

3.2 Banken

Einen der wichtigsten Intermediäre kennen Sie bestens: Banken. Banken erfüllen mehrere wichtige Aufgaben: Sie betreiben das Einlagengeschäft (nehmen also Gelder der Kunden an), verwalten das Vermögen ihrer Kunden (und beraten diese bei der Anlage von Vermögen), sie vergeben Kredite an Kunden und organisieren den Zahlungsverkehr ihrer Kunden (wenn Sie also Rechnungen überweisen wollen, Schecks einlösen oder Bargeld abheben). Banken vermitteln Finanzprodukte (so etwas wie Versicherungen, Bausparverträge oder Leasing) und das Angebot an Tresoren und Bürgschaften. Große Banken betreiben zusätzlich das Investmentgeschäft. Die Einlagen- und Kreditgeschäfte werden als „Zinsgeschäft" bezeichnet, die anderen Geschäfte sind das „zinsunabhängige Geschäft". Vor allem der Zahlungsverkehr ist für eine moderne Volkswirtschaft extrem wichtig, eine Wirtschaft, in der der Zahlungsverkehr nicht mehr funktioniert, funktioniert bald nicht mehr.

Schauen wir uns einmal das Kreditgeschäft einer Bank an: Banken nehmen das Geld ihrer Kunden (beispielsweise in Form von Ersparnissen oder Einlagen auf dem Girokonto) und reichen es an andere Kunden in Form von Darlehen weiter. Vereinfacht gesagt funktioniert das so: Einige Kunden bringen ihr Geld auf die Bank, aufs Sparbuch, auf das Girokonto, und die Bank nimmt dieses Geld und vergibt damit Kredite zum Hausbau, Überziehungskredite oder andere Zwecke. Hier sehen Sie die drei Arten von Transformation bei der Arbeit, die wir in Kapitel 3.1 kennengelernt haben: Sie können Ihr Geld jederzeit von Ihrem Girokonto abheben, zugleich wird es aber als Kredit an einen Hauskäufer vergeben, der den Kredit zehn Jahre lang tilgt – Fristentransformation. Allerdings ist so ein Hausbaukredit riskant (der Bauherr kann pleitegehen), es ist also nicht sicher, ob der Kreditnehmer den Kredit zurückzahlen kann, aber Sie bekommen Ihr Geld auf dem Girokonto jederzeit zurück, ganz ohne Risiko – Risikotransformation. Und Ihr (bescheidenes?) Geld auf dem Girokonto reicht nicht, um ein Haus zu bauen, aber die Bank verleiht das Geld vieler Kunden, bündelt also die Gelder vieler Kunden zu einem Kredit – Losgrößentransformation.

Über das Risiko dieses Geschäftsmodells – das Geld anderer Leute weiterverleihen oder investieren – haben wir bereits in Kapitel 3.1 gesprochen. Konkret: Wenn eine Bank zu viele Kredite vergibt, die nicht zurückgezahlt werden oder das Geld ihrer Kunden in Investments steckt, die platzen, hat sie nicht genügend Mittel, um ihren Kunden deren Geld zurückzuzahlen. Natürlich wird die Bank bisweilen ebenfalls Verluste machen, aber dafür hat sie eine Rücklage, die sich Eigenkapital nennt. Das ist der Teil des Geldes, der den Eigentümern der Bank gehört (und nicht den Kunden); macht die Bank Verluste, so geht das zulasten der Eigentümer, das Eigenkapital nimmt also ab (auf der anderen Seite erhöhen Gewinne das Eigenkapital der Bank). Das Eigenkapital der Bank ist also so etwas wie ein Risiko-Airbag gegen Verluste, der dafür sorgt, dass Verluste, welche die Bank macht, nicht zulasten der Bankkunden gehen.

Kein Wunder, dass es umfangreiche gesetzliche Regelungen über das Eigenkapital einer Bank gibt, mit dem Ziel, zu verhindern, dass eine Bank die Gelder ihrer Kunden verbrennt (international wird das im sogenannten Baseler Akkord geregelt, um Wettbewerbsverzerrungen durch unterschiedliche Bankenregulierungen zu vermeiden). Dabei gilt als Faustregel: Je solider das Geschäftsmodell einer Bank und je solider der Eigenkapitalsockel, umso sicherer ist die Bank.

Je mehr Eigenkapital eine Bank hat, umso sicherer ist sie vor einem Zusammenbruch geschützt. Wenn eine Bank Einlagen von Kunden in Höhe von 100 Euro hat und davon 99 Euro als Kredite verleiht oder in Wertpapiere investiert, kann rasch etwas schiefgehen – die Kredite werden nicht zurückgezahlt oder die Wertpapiere werden wertlos. Wenn die Bank dann aber 20 Euro Eigenkapital hat, also Geld, das man dazu nutzen kann, die Verluste aus den Krediten und den Wertpapierkäufen abzufedern, kann sie Verluste bis 20 Prozent selbst tragen. Der Haken an dieser Strategie: Eigenkapital ist teuer, je mehr Eigenkapital die Bank hat, umso weniger rentabel ist ihr Geschäft. Banken streben kein hohes Eigenkapital an, weil ja das Einlagengeschäft (also Einlagen der Kunden entgegenzunehmen, was man auch Passivgeschäft nennt) eine Hauptaufgabe der Banken ist. Und je besser sie das macht, desto niedriger wird die Eigenkapitalquote, also das Verhältnis von Eigenkapital zu den Kundeneinlagen (genau genommen zu dem, was man Fremdkapital nennt). Als Schutz vor Bankenzusammenbrüchen soll die Bank deswegen einen Sockel von Eigenkapital haben – die Anforderungen an diesen Sockel werden im sogenannten Baseler Akkord definiert, dort werden Mindestanforderungen an den Eigenkapitalsockel definiert.

Als Bankkunde und als Politiker müssen Sie Interesse daran haben, dass eine Bank ein solides Geschäftsmodell hat und einen guten Sockelbetrag von Eigenkapital darstellen kann. Wenn die Bank nämlich zusammenbricht, ist das Geld der Kunden weg und es werden rasch Rufe nach der Politik laut, die Bank zu retten. Warum aber sollte man Banken retten? In einer Marktwirtschaft muss ein Unternehmen damit leben, dass es pleitegehen kann, wieso sollte das nicht auf Banken zutreffen? Zum einen kann eine Bankenpleite die Kunden, die ihr Geld bei der Bank haben, ebenfalls in den Ruin stürzen – da kann die Politik nicht tatenlos zusehen, vor allem, je mehr Kunden die Bank hat. Zweitens kann eine Bankenpleite auch andere Banken betreffen, denn Banken leihen sich untereinander Geld, und wenn Bank A pleitegeht und das Geld, das sie Bank B schuldet, nicht zurückzahlen kann, zieht das rasch Bank B mit in den Abgrund, die dann möglicherweise Bank C ebenfalls mit sich nach unten zieht. Das Ganze kann dann rasch zu dem werden, was Ökonomen eine systemische Krise nennen, und der gesamte Bankensektor eines Landes und damit das Zahlungssystem können abstürzen – das würde das ganze Land ins Chaos stürzen. Also greift die Politik zähneknirschend ein. Allerdings muss die Politik nicht die Eigentümer der Bank (meistens sind das Aktionäre, also Menschen, die Aktienanteile an der Bank halten) retten, sondern nur die Kundengelder und die Funktionsfähigkeit der Banken.

Damit die Politik nicht zu häufig eingreifen muss, gibt es neben den Regelungen zur Höhe des Eigenkapitals eine sogenannte Einlagensicherung, die einen bestimmten Anteil der Kundeneinlagen absichert. Geht Ihre Bank unter, dann ist Ihr Bankkontoguthaben bis zu einer bestimmten Summe gesetzlich abgesichert (aktuell sind das in Deutschland 100.000 Euro pro Person, bei Ehegattenkonten 200.000 Euro, alles, was darüber hinaus geht, ist nicht mehr gesetzlich abgesichert, allerdings gibt es noch freiwillige Absicherungssysteme der Banken). Finanziert wird die Einlagensicherung durch verschiedene Fonds, in die alle beteiligten Banken einzahlen.

Eine Sache ist noch im Zusammenhang mit Banken interessant: Banken, so heißt es immer, schaffen sich ihr eigenes Geld. Stimmt das? Jein. Was hier gemeint ist, ist die sogenannte Giralgeldschöpfung, die in etwa wie folgt funktioniert: Kunde 1 zahlt, sagen wir, 100 Euro auf sein Konto ein, die als sein Guthaben auf seinem Kontoauszug erscheinen. Wie aber bereits gesehen, steckt die Bank diese 100 Euro nicht in den Schrank, sondern verleiht sie (zumindest teilweise) an einen anderen Kunden weiter, der nun auf seinem Konto, sagen wir, 90 Euro gutgeschrieben bekommt. Damit hat die Bank sozusagen aus dem Nichts aus 100 Euro 190 Euro gemacht, denn Kunde 1 hat ein Guthaben von 100 Euro auf seinem Kontoauszug stehen, Kunde 2 hat 90 Euro. Zahlt Kunde 2 den Kredit zurück, verschwinden diese 90 Euro wieder. In der Tat hat die Bank eigenes Geld geschaffen, aber nicht für sich, sondern für den Kunden (der dann im besten Fall damit eine volkswirtschaftlich sinnvolle Investition tätigt). Hier verdient die Bank ihr Geld: Dem Kunden Nummer 1 zahlt sie eine Überlassungsgebühr (das, was wir „Zins“ nennen) von, sagen wir, zwei Prozent; Kunde 2 aber zahlt für den Kredit vier Prozent Gebühren (also Zinsen).[8] Die Differenz geht in die Tasche der Bank. Sie sehen aber auch hier wieder das Risiko dieses Geschäfts: Kann der Kunde den Kredit nicht zurückzahlen, hat die Bank ein Loch in Höhe von 90 Euro in der Kasse, das zulasten des Eigenkapitals geht. Was man allerdings nicht sagen kann, ist, dass die Bank sich ihr eigenes Geld gedruckt hat in dem Sinne, dass der Bankdirektor von diesem Geld shoppen gehen kann – die Bank schafft das Geld für Kunden, die damit arbeiten. Wird das Geld zurückgezahlt, verschwindet es wieder.

Auf einen Blick – Banken

Banken verwalten das Vermögen ihrer Kunden, vergeben Kredite und organisieren den Zahlungsverkehr eines Landes. Das Geschäftsmodell einer Bank beruht auch darauf, das Geld ihrer Kunden an andere Kunden weiterzureichen, was die Gefahr birgt, dass die Gelder der Kunden weg sind. Aus diesem Grund gibt es umfangreiche Schutzmaßnahmen wie Eigenkapitalregulierung und Einlagensicherungsfonds. Eine weitere Besonderheit von Geschäftsbanken ist, dass sie mittels Giralgeld neues, zusätzliches Geld schaffen können.

3.3 Versicherungen und betriebliche Altersvorsorge

Eine Versicherung ist im Grunde genommen eine Wette: Sie wetten, dass etwas Schlimmes passiert, die Versicherung hält dagegen. Ihr Wetteinsatz sind die monatlichen Prämien, die Sie zahlen, der Wetteinsatz der Versicherung ist die Entschädigung, die Sie im Schadensfall erhalten. Die meisten von uns sind eher risikoscheu, wir würden nicht darauf wetten wollen, ob jemand lange lebt, ein Sturm kommt, ein Unfall passiert oder ein Auto kaputtgeht. Warum kann eine Versicherung das?

Eine Versicherung kann das, weil sie nicht eine Wette, sondern Zehntausende Wetten eingeht: Jeder Versicherungsvertrag ist eine solche Wette. Und solange die Versicherung in der Summe mehr Wetten gewinnt, als sie verliert (also nicht zu viele Schadensfälle eintreten), lohnt sich das Geschäft für sie, weil sie von vielen Versicherungsnehmern Beiträge einnimmt. Das Ganze nennt sich dann „Risikoausgleich im Kollektiv". Das Ganze funktioniert aber nicht mehr, wenn zu viele Schadensfälle gleichzeitig eintreten. Das kann beispielsweise eine Naturkatastrophe sein, die gleichzeitig viele Versicherungsnehmer betrifft.[9]

Und was haben Versicherer mit der Börse zu tun? Der Punkt ist, dass Versicherer die Gelder, die ihre Kunden ihnen zahlen, verwalten müssen. Und dazu brauchen Versicherer Kapitalmärkte. Das Problem lässt sich anhand einer einfachen Kapitallebensversicherung erklären: Man zahlt, sagen wir, 30 Jahre jeden Monat einen festen Betrag an die Versicherung, und wenn man in Rente geht, zahlt die Versicherung entweder auf einen Schlag einen fest vereinbarten Betrag (inklusive einer möglichen Zusatzprämie, der sogenannten Überschussbeteiligung) oder eine monatliche Rente. Was jetzt wie ein ganz simples Produkt klingt, ist in Wirklichkeit hochkompliziert, denn der Versicherer muss das Geld, das sein Kunde ihm heute einzahlt, über 30 Jahre hinweg aufbewahren, verwalten und sicherstellen, dass er dem Kunden in 30 Jahren die zugesagte Summe auszahlen kann. Zu diesem Zweck legt er die Gelder der Kunden am Kapitalmarkt an, vor allem in Anleihen, weil diese – wie wir in Kapitel 4.2 sehen werden – einen kontinuierlichen Zahlungsstrom bieten und im Vergleich zu anderen Investments recht sicher sind. Aber Sie erahnen die Aufgabe, vor der der Versicherer steht: Er muss über 30 Jahre hinweg das Geld des Kunden so anlegen, dass es Inflation, Kapitalmarktkrisen und anderen Unwägbarkeiten trotzt, um pünktlich zum Ende des Vertrags die vereinbarte Summe auszahlen zu können. Ohne Kapitalmärkte wäre das ein Ding der Unmöglichkeit. Auch hier sehen Sie, wie wichtig Kapitalmärkte für eine moderne, arbeitsteilige Volkswirtschaft sind. Ohne Kapitalmärkte keine Lebensversicherung, keine Hausratversicherung oder andere Versicherungen.

Speziell Kapitallebensversicherungen sind ein delikates Problem. Hier müssen Versicherer eine besonders vorsichtige Anlagepolitik fahren: Wer heute verspricht, in 20, 30 Jahren eine bereits jetzt fest vereinbarte Summe auszuzahlen, muss sehr vorausschauend planen, darf nicht zu hohe Risiken eingehen (weil sonst das Geld rasch weg ist), muss aber auch bestimmte Mindesterträge erwirtschaften, um sein Versprechen halten zu können. Ein einfaches Beispiel dazu: Die deutschen Versicherer haben ihren Kunden in den 1990er-Jahren einen Ertrag von bis zu vier Prozent auf ihre Einzahlungen zugesagt. Doch seit den 2000ern fallen die Erträge, die Versicherer an den Kapitalmärkten erzielen können, kontinuierlich (Versicherer legen die Gelder überwiegend in Anleihen an, weil diese weniger riskant sind als Aktien, da sie in der Regel einen festen Ertrag versprechen). Daraus ist den Versicherungen ein Problem entstanden: Den Kunden verspricht man, dass sie in 20 Jahren vier Prozent bekommen, doch in den 20 Jahren bis dahin schafft man es gerade einmal, zwei Prozent zu erwirtschaften, wodurch nach Ablauf der 20 Jahre eine Lücke entsteht – den Versicherern fehlt das Geld, um die Verpflichtungen ihren Kunden gegenüber komplett zu erfüllen. Manche Versicherung wird das noch in arge Schwierigkeiten bringen.

Ähnliche Probleme haben die Anbieter der betrieblichen Altersvorsorge, das sind Unternehmen, die für Betriebe die Altersvorsorge durchführen. Wenn Ihr Arbeitgeber Ihnen eine Betriebsrente verspricht, so werden die dazu notwendigen Gelder oft von solchen Anbietern verwaltet; das sind Pensionskassen, Pensionsfonds und Unterstützungskassen (teilweise wird die betriebliche Altersvorsorge auch von Versicherungsunternehmen oder den Betrieben selbst durchgeführt). Allerdings gibt es bei der betrieblichen Altersvorsorge (grob gesagt) zwei unterschiedliche Varianten: Bei der Leistungszusage garantiert Ihnen Ihr Arbeitgeber eine feste Leistung am Ende Ihres Arbeitslebens – das Risiko, diese garantierten Zusagen zu erwirtschaften, liegt dann beim Arbeitgeber. Bei einer beitragsorientierten Leistungszusage zahlt Ihr Arbeitgeber nur die Beiträge zu Ihrer Altersvorsorge, was dabei dann am Ende herauskommt, garantiert er nicht – in diesem Fall liegt das Risiko, dass aus den eingezahlten Beiträgen nichts wird, bei Ihnen.

Auf einen Blick – Versicherungen und Altersvorsorge

Versicherungen versprechen ihren Kunden feste Zahlungen im Falle von Schäden oder bei Erreichen des Rentenalters. Sie legen die Gelder, die ihnen die Kunden überlassen, an den Kapitalmärkten an. Vor allem Produkte für die Altersvorsorge verlangen den Versicherern viel ab: Man sagt heute einen Ertrag auf die Einzahlungen der Kunden zu, den man in den kommenden Jahren erst erwirtschaften muss.

3.4 Fondsgesellschaften und Hedgefonds

Das Prinzip eines Investmentfonds kennen Sie bereits aus Kapitel 3.1: Viele Kleinanleger zahlen kleine Beträge in einen großen Topf ein (den Topf nennt man „Fonds"), und der Verwalter des Fonds (die Fondsgesellschaft) legt dieses eingesammelte Geld nach zuvor vereinbarten Regeln an den Kapitalmärkten an. Die Anleger (also diejenigen, die in den Topf eingezahlt haben), halten dann Anteile an diesem Fonds, deren Wert sich über den Anlageerfolg des Fondsverwalters bestimmt. Ein einfaches Beispiel: Zehn Anleger zahlen jeweils zehn Euro in den Fonds, das Fondsvermögen beträgt damit 100 Euro. Jeder der Anleger hält jetzt einen Anteil von zehn Prozent des gesamten Fondsvermögens. Der Fondsverwalter investiert nun diese 100 Euro, sagen wir, am Aktienmarkt und hat Glück. Die Aktien verdoppeln sich, das Fondsvermögen steigt damit auf 200 Euro. Jeder der Fondsanleger hält weiterhin Anteile in Höhen von zehn Prozent, nur, dass zehn Prozent von 200 Euro nun 20 Euro sind – der Einsatz der Fondsanleger (der Wert des Anteilscheins) hat sich verdoppelt (leider funktioniert dieses Spiel auch andersherum: Fallen die Aktien, so fällt auch der Wert des Anteilscheins).

Für Anleger hat das viele Vorteile. Sie können mit sehr kleinen Beträgen am Kapitalmarkt investieren (wenn Sie nur 100 Euro pro Monat investieren wollen, eine einzelne Aktie aber schon 120 Euro kostet, wird das schwierig), sie streuen ihr Investment schon bei kleinen Beträgen (man ist mit den 100 Euro an allen Aktien beteiligt, die der Fonds gekauft hat, statt mit 100 Euro nur eine oder zwei Aktien kaufen zu können), und kostengünstiger ist das auch (bei 100 Euro Kapitaleinsatz schlagen Börsengebühren deutlicher zu Buche als bei 100.000 Euro Kapitaleinsatz). Wer also an den Kapitalmärkten investieren will, aber keine großen Beträge zur Verfügung hat, ist mit Fonds gut bedient. Allerdings lassen sich die Fondsgesellschaften, die diese Produkte auflegen, das auch bezahlen, zumeist in zwei Teile zerlegt: Zum einen zahlen die Kunden etwas für den Vertrieb der Fonds – das ist also das Einkommen des Beraters, der Sie am Bankschalter oder zu Hause vor Ort berät; zumeist sind das recht üppige Summen, die einmalig anfallen und manchmal in den Konditionen versteckt sind (bei Fonds nennt sich das zumeist „Ausgabeaufschlag“, klingt besser als Vertriebsgebühr). Zum anderen zahlen Sie auch für die Verwaltung und Anlage Ihres Geldes, das ist ein Betrag, der jährlich fällig wird (das ist die sogenannte Verwaltungsvergütung).

Der normalsterbliche Kunde greift zu sogenannten Publikumsfonds, die häufig von Finanzverbünden und Finanzkonzernen angeboten werden und schon kleinste Beträge annehmen.[10] Zum Schutz der Anleger unterliegen diese Fonds zahlreichen rechtlichen Beschränkungen, beispielsweise was die Instrumente angeht, mit denen der Fonds investieren darf. So ist das Kapital der Anleger vor einem Konkurs der Fondsgesellschaft geschützt; geht diese pleite, so bleibt das Anlegerkapital in den Händen der Anleger. Deutsche und ausländische Investmentfonds, die in Deutschland öffentlich vertrieben werden, unterliegen außerdem der Aufsicht der Bundesanstalt für Finanzdienstleistungsaufsicht (Bafin). Die Bank, zu der Sie gehen, bietet Ihnen in der Regel die Hausmarke an. Die Fonds, welche die Bank Ihnen anbietet, stammen also zumeist von Tochtergesellschaften der Banken.

Eine weitere Unterscheidung betrifft offene und geschlossene Fonds: Offene Fonds sind für jeden zugänglich (es gibt also eine unbegrenzte Anzahl von Investoren), Sie können Ihre Fondsanteile jederzeit an die Fondsgesellschaft zurückgeben und erhalten im Gegenzug den Wert Ihres Anteils ausbezahlt. Bei geschlossenen Fonds hingegen geht das nicht ohne Weiteres, zudem ist die Anzahl der Anteile, welche die Gesellschaft ausgibt, im Gegensatz zu offenen Fonds begrenzt; wenn Sie so wollen, ist die Größe des Topfes, in den das Geld der Anleger fließt, festgelegt.

Wer ein wenig mehr Geld hat als der Durchschnittskunde – so ab einer Viertelmillion Euro, hat es gern exklusiver. Er geht zu einem privaten Vermögensverwalter, der im Grunde genommen das gleiche Geschäft macht wie die Publikumsfonds, nur mit etwas exklusiverer Beratung und Betreuung der Kunden; teilweise auch mit etwas anderen Marktstrategien. Hier tut sich ein riesiges Universum von Anbietern und Anbietermodellen auf, die im Grunde genommen alle dasselbe machen: das Geld ihrer Kunden auf den Kapitalmärkten anlegen. Und ein Teil dieses Universums bevölkern sogenannte Hedgefonds.

Was genau ein Hedgefonds ist, lässt sich schwer definieren, die einzige Gemeinsamkeit aller Hedgefonds ist, dass sie private Vermögensverwaltungen für reiche Anleger sind – und hier enden schon die Gemeinsamkeiten. „Den" Hedgefonds gibt es also nicht, das ist so, als würden Sie von „Fahrzeug" sprechen – hinter diesem Begriff verbirgt sich von Fahrrad über das Auto bis hin zum Mars-Rover alles, was sich fortbewegt. Das gilt ebenso für Hedgefonds, da gibt es kleine Ein-Mann-Betriebe mit wenigen exklusiven Kunden und große, milliardenschwere Schlachtschiffe. Einige wenige Gemeinsamkeiten weisen diese Fonds auf: Sie stehen in der Regel nur vermögenden Kunden offen, sie haben (im Gegensatz zu Publikumsfonds) völlige Freiheit bei der Wahl ihrer Investmentmethode und -strategie und oft ist der Fondsverwalter selbst in diesen Fonds investiert (wenn der Fonds also Verluste macht, greift dies das persönliche Vermögen desjenigen an, der den Fonds verwaltet – was aus Anreizgesichtspunkten recht sinnvoll ist). Weiterhin versuchen Hedgefonds zumeist, eine sogenannte absolute Rendite zu erwirtschaften, sie orientieren sich also bei der Messung ihres Erfolgs nicht an Aktienbarometern wie dem DAX oder dem Dow-Jones-Index. Herkömmliche Publikumsfonds vergleichen sich zumeist mit der Entwicklung des Gesamtmarktes: Fallen alle Aktien in der Summe um, sagen wir, vier Prozent, während der Fonds nur zwei Prozent an Wert eingebüßt hat, wird das als Erfolg vermeldet. Hedgefonds hingegen interessieren sich zumeist nicht für die Entwicklung des Gesamtmarktes, das Anlageziel eines Hedgefonds kann beispielsweise sein, jährlich nicht weniger als zwei Prozent Plus zu erwirtschaften (im Fachsprech wird das als absolute return bezeichnet).

Im Ursprung des Begriffes waren Hedgefonds definiert als Vermögensverwaltungen, die besonders auf das Anlagerisiko achten, bei denen also die Vermeidung von Verlusten Vorrang hat (in Kapitel 2.3 hatten wir gesehen, dass „Hedge" für Absicherungsgeschäfte steht). Mittlerweile gibt es alle Spielarten von Hedgefonds, die in alles investieren, was nicht bei drei auf den Bäumen ist, bis hin zu exotischen Investments wie Holz, Wasser oder Weine. Zumeist verwenden Hedgefonds auch Derivate, um eine sogenannte Hebelwirkung zu erzielen – wie das funktioniert, schauen wir uns in Kapitel 4.4 an.

Dass Hedgefonds die Aura des Geheimnisvollen umgibt, liegt auch daran, dass man dort auf Diskretion achtet (was die meisten Kunden sehr zu schätzen wissen). Zudem wird die Rolle und Macht der Hedgefonds in den Medien stark überschätzt. Hedgefonds können beispielsweise keineswegs ganze Volkswirtschaften zu Fall bringen, so viel Mittel hat kein Hedgefonds zur Verfügung, um erfolgreich gegen eine gesunde Volkswirtschaft spekulieren zu können. Auch eine Verschwörung von Hedgefonds gegen Staaten ist eher eine Legende, denn diese Fonds leben davon, dass sie kleinere Ineffizienzen an den Kapitalmärkten ausnutzen (beispielsweise durch Arbitrage, die finden Sie in Kapitel 2.3 erklärt), die anderen Marktteilnehmern verborgen bleiben. Da macht es wenig Sinn, sich abzusprechen, und schwierig ist das ohnehin, da das Universum der Hedgefonds sehr zersplittert ist (denken Sie daran: „den" Hedgefonds gibt es nicht). Wenn man schon über Macht den Kapitalmärkten spricht, muss man auch einen Blick auf die großen Anbieter sogenannter Exchange Traded Funds (ETF) werfen (die Sie in Kapitel 5.5 erläutert finden) – Gesellschaften wie Blackrock, Vanguard oder Amundi besitzen mittlerweile mehrere Billionen Dollar und halten von jedem Unternehmen in Aktienindizes wie dem DAX oder dem Dow-Jones-Index zwischen zwei und zehn Prozent – das kann man durchaus als Machtposition bezeichnen.

Wenn Hedgefonds in Kapitalmarkt- und Finanzkrisen verwickelt sind, muss man sich das in etwa folgendermaßen vorstellen. Ein Land oder ein Unternehmen betreibt eine riskante Politik, die langfristig so nicht durchzuhalten ist, weil sie fehlerhaft oder zu riskant ist. Diese Fehler machen sich Hedgefonds

– aber nicht nur sie, auch alle anderen Marktteilnehmer – zunutze und wetten darauf, dass diese Politik scheitern wird. Und meistens geht diese Wette auch auf. Wenn Sie so wollen, spüren Kapitalmärkte die Fehler der Unternehmen und Staaten auf und bestrafen sie. Da kann man sich als Politiker oder Unternehmensvorstand natürlich darüber beklagen, das ändert aber nichts daran, dass man hier den Boten bestrafen will statt den Täter. Hedgefonds greifen keine gesunden Unternehmen oder Staaten an, einfach deswegen, weil es viel zu teuer und wenig Erfolg versprechend wäre, und warum soll man das machen, wenn man einfach dort wettet, wo etwas im Argen liegt?

Auf einen Blick – Fonds und Hedgefonds

Fonds sind Kapitalsammelstellen par excellence; sie sammeln die Gelder vieler Anleger ein und investieren sie nach zuvor vereinbarten Regeln. Fondsprodukte gibt es für jeden Geschmack und Geldbeutel, sie legen – je nach Produkt – das Geld ihrer Kunden in die verschiedensten Anlageprodukte an. Wohlhabende Anleger investieren in sogenannte Hedgefonds, das sind exklusive Vermögensverwalter für den gehobenen Bedarf.

3.5 Unternehmen, Private Equity, Staat und Privatanleger

Wenn Sie Kapitel 2.1 gelesen haben, wird es Sie nicht überraschen, dass Unternehmen wichtige Teilnehmer am Kapitalmarkt sind. Zum einen besorgen diese sich dort die Mittel, die sie für Investitionen oder den laufenden Betrieb ihres Unternehmens benötigen, zum anderen legen sie auch temporäre Überschüsse an, damit Geld, das man im Moment zu viel hat, nicht untätig in der Schublade herumliegt. Aber das ist nicht alles: Unternehmen, die von Rohstoffen abhängig sind, nutzen häufig den Derivatemarkt, um sich gegen zu große Preisschwankungen von Rohstoffen wie beispielsweise Öl oder Kakao abzusichern (wie das im Detail funktioniert, erfahren Sie in Kapitel 4.4).

Wie wichtig Kapitalmärkte für die Finanzierung von Unternehmen sind, zeigt sich, wenn man sich Private-Equity-Fonds anschaut.[11] Grundsätzlich funktionieren diese Fonds wie die im vorherigen Kapitel beschriebenen Investmentfonds. Der Fondsbetreiber – die Private-Equity-Gesellschaft – sammelt Geld von Kapitalgebern ein und investiert dieses Geld. Allerdings investieren Private-Equity-Gesellschaften in der Regel nicht in Aktien, sondern direkt in Unternehmen. Meistens investieren diese Gesellschaften nicht nur das Geld ihrer Kunden, sondern steigen in die Führung des Unternehmens ein, nehmen Einfluss auf Strategie und Ausrichtung des Unternehmens sowie auf das, was man „operative Prozesse" nennt, also die Produktion, Verwaltung und Personal. Je nachdem, welcher Art das Unternehmen ist, in das die Gesellschaft investiert, bedeutet das Expansion in neue Märkte, Aufbau einer Produktion oder auch Sanierung eines Unternehmens inklusive der dann unvermeidlichen Entlassungen.

Private-Equity-Gesellschaften investieren in die unterschiedlichsten Arten von Unternehmen: in ganz junge, vielversprechende Neugründungen (sogenannte Start-ups, dann spricht man von Early Stage Financing oder Seed Capital), in sehr junge Unternehmen (oft Venture Capital genannt), in Unternehmen, die expandieren möchten oder andere Unternehmen übernehmen wollen, in die Übernahme eines Unternehmens durch ein externes Management (Management Buy-in) oder durch das vorhandene Management (Management Buy-out), aber auch in die Übernahme von Unternehmen, die in Schwierigkeiten geraten sind. Vor allem Letztere haben Private Equity einen schlechten Ruf eingebracht, in der Öffentlichkeit hat dieses Geschäft das Image, dass geldgierige Kapitalmarktteilnehmer Unternehmen auseinandernehmen, Arbeitnehmer entlassen und sich daran bereichern. Ganz so einfach ist das nicht. Wenn man ein Unternehmen übernimmt, das in wirtschaftliche Schwierigkeiten geraten ist, ist es meistens unausweichlich, Arbeitnehmer zu entlassen oder sogar das Unternehmen ganz abzuwickeln, wenn es nicht überlebensfähig ist. Das ist aber nicht die Schuld der Private-Equity-Gesellschaften, sie tun nur das, was meistens unvermeidlich ist.

Normalerweise sind Private-Equity-Fonds eher darauf aus, Beschäftigung zu schaffen, vor allem, wenn sie in junge, aufstrebende Unternehmen investieren. Der Plan sieht in der Regel wie folgt aus: Man sammelt Geld von Investoren ein und kauft sich mit diesem Geld in ein vielversprechendes Unternehmen ein. Dann wird das Unternehmen mit dem Geld und der Expertise des Private-Equity-Fonds hochgepäppelt, ausgebaut oder saniert. Steht das Unternehmen schließlich auf festen Füßen und ist erfolgreich, kommt der sogenannte Exit: Man verkauft die Anteile am Unternehmen mit Gewinn, der Gewinn geht nach Abzug einer entsprechenden Entlohnung für die Private-Equity-Gesellschaft an die Kapitalgeber. Funktioniert dieses Geschäft, so sind damit neue Produkte und Arbeitsplätze geschaffen worden, bei Unternehmenssanierung sind zumindest nicht alle Arbeitsplätze verloren gegangen. Der Verkauf der Anteile erfolgt oft über die Börse (das nennt sich Public Offering) oder aber direkt an interessierte Investoren (Private Placement).

Die nächste Gruppe am Kapitalmarkt sind die Privatanleger – das sind Sie (alle, die nicht Privatanleger oder Unternehmen sind, nennt man bisweilen auch „institutionelle Anleger"). Mithilfe moderner Technik kann mittlerweile auch der kleinste Kleinanleger kostengünstig an die Börse gehen. Die Zahl der Motive ist vielfältig: um die eigene Altersvorsorge in die Hand nehmen, etwas Nervenkitzel zu haben und zu glauben, dass man den mit den Profis mithalten kann, oder um einen kleinen Nebenverdienst zu organisieren, um nur einige zu nennen. Um die Jahrtausendwende gab es einige Privatanleger, die – berauscht von den schnellen Gewinnen – ihren Job an den Nagel hängten und sich als Daytrader versucht haben, also Wertpapiere innerhalb sehr kurzer Fristen gehandelt haben, um an den Kursgewinnen zu verdienen. Lassen Sie sich nicht täuschen, der Traum vom schnellen, risikolosen Geld funktioniert in den allermeisten Fällen nicht.

Bleibt noch der letzte Akteur: die Staaten. Jede Regierung ist auf die Kapitalmärkte angewiesen, um sich Geld zu leihen. Zumeist geschieht das in Form sogenannter Staatsanleihen (Government Bonds), die wir uns in Kapitel 4.2 anschauen werden. Das Grundgeschäft ist einfach: Der Staat leiht sich am Kapitalmarkt Geld, mit dem er Schienennetze oder Brücken baut, seine Angestellten bezahlt oder das Sozialsystem finanziert. Und irgendwann muss er das geliehene Geld inklusive Entschädigung an die Geldgeber zurückzahlen. Ohne Kapitalmärkte wäre ein moderner Staat rasch am Ende seiner Möglichkeiten. Jetzt verstehen Sie, warum bisweilen davon gesprochen wird, dass Staaten unter dem Diktat der Kapitalmärkte leiden: Wer sich Geld leihen will, muss den potenziellen Geldgebern signalisieren, dass diese ihr Geld wiedersehen werden, und das dokumentiert man nicht, indem man mit Geld um sich wirft, verschwenderische Partys feiert oder teuren Fummel einkauft. Das Grundproblem von Staaten, die unter dem Diktat der Kapitalmärkte leiden, ist: In der Regel sind sie bereits hoch verschuldet und ihr Finanzgebaren lässt nicht darauf schließen, dass Besserung in Sicht ist. Unter solchen Umständen wird es schwer, neue Geldquellen zu erschließen, also muss der betreffende Staat zähneknirschend signalisieren, dass er Besserung gelobt. Wie er das macht, ist den Geldgebern egal, Hauptsache, sie glauben, dass sie ihr Geld wiedersehen werden.

Auf einen Blick – Unternehmen, Staat, Private Equity

Unternehmen und Staaten besorgen sich notwendiges Kapital an den Finanzmärkten. Damit sie dort Geld bekommen, müssen sie zeigen, dass sie gute Schuldner sind, dass man also erwarten kann, dass sie ihre Schulden zurückzahlen können respektive, dass ein Investment in sie nicht zum Untergang verurteilt ist. Eine besondere Form der Unternehmensfinanzierung ist Private Equity, hier sammelt eine Fondsgesellschaft Gelder von Investoren ein und kauft sich damit in Unternehmen ein, um diese auszubauen oder zu sanieren. Hat man das Unternehmen erfolgreich auf Kurs gebracht, verkauft man die Beteiligung wieder mit Gewinn.

---

4. Was wird an Kapitalmärkten gehandelt?

4.1 Aktien

Eine Aktie ist eine Beteiligung an einem Unternehmen, die an der Börse gehandelt wird. Stellen Sie sich das wie folgt vor: Sie wollen ein Unternehmen gründen und brauchen dazu 100 Euro, haben aber nur 50 Euro. Also überreden Sie einen Freund, 50 Euro in Ihr Geschäft zu investieren, damit gehört ihm nun die Hälfte des Unternehmens. Dafür ist er auch am Wohl und Wehe des Unternehmens beteiligt: Ihm steht die Hälfte des Gewinns zu (leider auch die Hälfte der Verluste) und er kann über die Unternehmensstrategie mitbestimmen (beispielsweise wer Chef wird, was wie investiert werden soll). Eine komplette unternehmerische Beteiligung also. Doch nun braucht Ihr Freund das Geld, aber Sie können es ihm nicht zurückzahlen, denn es ist ja im Unternehmen investiert. Also macht Ihr Freund etwas anderes: Er verkauft seine Beteiligung an Ihrem Unternehmen an einen Dritten; die Unternehmensbeteiligung wurde also gehandelt.

Diese handelbare Unternehmensbeteiligung, das ist eine Aktie. Man gibt einem Unternehmen Geld und erhält dafür Anteilscheine (die Aktie), die dem Inhaber einen entsprechenden Anteil am Gewinn garantiert (das nennt man Dividende), zugleich räumt diese Aktie anteilsmäßig Mitspracherechte bei der Firmenpolitik ein, zu diesem Zweck kommen die Inhaber der Aktien (die man Aktionäre nennt) einmal im Jahr auf der Hauptversammlung zusammen, um über die Geschäftspolitik abzustimmen, wobei sich die Stimmanteile (wie der Gewinn) nach der Höhe der Anteile am Unternehmen richten. Was Aktien von einer einfachen Unternehmensbeteiligung unterscheidet, ist die Tatsache, dass man diese Anteile anonym an der Börse kaufen und verkaufen kann – das ist der Aktienhandel an der Börse.

Und wonach richtet sich der Preis, zu dem man die Aktie verkauft? In unserem obigen Beispiel könnte man natürlich vermuten, dass der Freund seine Anteile zu 50 Euro verkauft – so viel hat er schließlich gezahlt. Aber das wäre zu kurz gedacht: Was, wenn das Unternehmen, seit er eingestiegen ist, unglaublich erfolgreich war und gewachsen ist? Sein Anteil garantiert ihm 50 Prozent am Unternehmen, und wenn das Unternehmen mittlerweile statt 100 bereits 1000 Euro wert ist, dann kann er seinen Anteil für 500 Euro verkaufen. Wenn Sie das Unternehmen aber mittlerweile an die Wand gefahren haben und nur noch ein paar Büromöbel im Wert von 10 Euro übrig sind, wird er nur 5 Euro für seinen Anteil bekommen – das ist das unternehmerische Risiko.

Wenn Sie das Beispiel verstanden haben, wissen Sie schon das Wichtigste, was man über Aktien wissen muss: Aktien sind standardisierte Anteilscheine an Unternehmen, die ein Recht auf Gewinnbeteiligung (Dividende) und Mitsprache am Unternehmen (auf der Hauptversammlung) einräumen und an der Börse gehandelt werden; der Wert der Aktie bestimmt sich nach den Erfolgsaussichten des Unternehmens und wird im freien Spiel von Angebot und Nachfrage ermittelt; den Preis der Aktie nennt man Aktienkurs. Sie verdienen also an einer Aktie auf zwei Wegen: zum einen durch die Gewinnbeteiligung, wenn Ihnen jedes Jahr eine Dividende ausgezahlt wird, und zum anderen an der Wertsteigerung des Unternehmens, wenn sich diese im Aktienkurs niederschlägt.

Doch wodurch wird eigentlich der Aktienkurs bestimmt? Vereinfacht gesagt durch alles, was den Wert des Unternehmens steigert, beispielsweise durch …

- die erwarteten zukünftigen Gewinne des Unternehmens. Je höher die Gewinne, desto wertvoller das Unternehmen und umso höher die zukünftigen Gewinnausschüttungen in Form von Dividenden.
- das wirtschaftliche Umfeld. Konjunktur, Politik und gesamtgesellschaftliche Stimmung beeinflussen ebenfalls die Gewinnmöglichkeiten eines Unternehmens und damit den Wert seiner Aktie. Natürlich auch die spezielle Lage der Branche, in der das betreffende Unternehmen tätig ist.

- Alternativen zu Aktien. Wenn man mit einer alternativen Anlage (beispielsweise Anleihen) nur schlecht verdienen kann, wird man eher zu Aktien greifen; die Nachfrage nach Aktien steigt, die Kurse dann ebenfalls.
- das Risiko. Je riskanter eine Aktie ist, umso größer muss der versprochene Gewinn sein, entweder in Form von Dividenden oder zukünftiger Kursgewinne. Wir werden uns in Kapitel 5.1 näher damit beschäftigen, wie man das Risiko eines Wertpapiers definieren kann.

Alle Einflussfaktoren zu nennen, dürfte fast unmöglich sein – alles, was die wirtschaftlichen Geschicke eines Unternehmens beeinflussen kann, beeinflusst dessen Aktienkurs, sogar die Erwartungen und die Erwartungen darüber, was andere Marktteilnehmer erwarten.

Als Fieberthermometer des Aktienmarktes dienen sogenannte Aktienindizes, die vereinfacht gesagt den Durchschnittskurs mehrerer Aktien abbilden, beispielsweise der Deutsche Aktienindex DAX, der Dow-Jones-Index oder der S&P-500-Index der amerikanischen Börse, oder der Nikkei-Index der japanischen Börse. Wenn beispielsweise in den Nachrichten verkündet wird, dass der DAX um ein Prozent gefallen ist, so bedeutet das, dass die Kurse der 40 größten deutschen Aktiengesellschaften im Durchschnitt ein Prozent an Wert verloren haben. Dabei gibt es verschiedene Aktienindizes, die nach verschiedenen Regeln zusammengesetzt werden und verschiedene Segmente des Aktienmarktes abbilden sollen: Der DAX und der Dow-Jones-Index enthalten die größten Börsenschwergewichte, der amerikanische Nasdaq-Index enthält vor allem Technologie-Unternehmen, während der S-DAX kleinere deutsche Unternehmen enthält. Bei der Aufnahme einer Aktie in einen solchen Index spielt vor allem die Größe des Unternehmens eine Rolle, die anhand der sogenannten Marktkapitalisierung gemessen wird, das ist die Anzahl aller Aktien des Unternehmens, multipliziert mit ihrem aktuellen Kurs. Dabei gilt: Je mehr Unternehmen in dem betreffenden Börsenindex berücksichtigt werden, umso repräsentativer ist die Aussagekraft des Index für das jeweilige Börsensegment. Steigen die Aktienkurse, so spricht man von einer Hausse (die oft durch einen Bullen versinnbildlicht wird), fallen die Kurse, so spricht man von einer Baisse (für die steht der Bär).

Wie kann man die Qualität einer Aktie respektive deren Gewinnaussichten beurteilen? Grundsätzlich gilt: Je besser die Gewinnaussichten eines Unternehmens sind, umso teurer darf eine Aktie sein. Allerdings kann eine Aktie trotz glänzender Aussichten zu teuer sein. Dafür gibt es verschiedene Bewertungskennziffern:

- Das Kurs-Gewinn-Verhältnis (KGV) ist der Aktienkurs des Unternehmens, dividiert durch den Unternehmensgewinn je Aktie. Ein KGV von 20 beispielsweise bedeutet, dass der Kurs der Aktie 20-mal so hoch ist wie der Gewinn pro Aktie. Je höher das KGV, umso teurer ist die Aktie, zumindest gemessen an den aktuellen Gewinnen des Unternehmens.
- Das Kurs-Buch-Verhältnis dividiert den aktuellen Kurs einer Aktie durch den Buchwert je Aktie (der Buchwert eines Unternehmens ist der Wert, den das Unternehmen laut Bilanz hat, also sein bilanzielles Eigenkapital); vereinfacht gesagt wird hier der aktuelle Wert des Unternehmens an der Börse mit dem Wert des Unternehmens laut Bilanz verglichen.
- Die Dividendenrendite berechnet man, indem man die aktuelle Dividende durch den aktuellen Aktienkurs teilt; das Ergebnis (in Prozent ausgedrückt) gibt an, wie hoch die Rendite einer Aktie ist. Bei einer Aktie im Wert von 100 Euro und einer Dividende in Höhe von zwei Euro je Aktie beträgt die Dividendenrendite zwei Prozent, das ist sozusagen der Ertrag ihrer Aktie aus den Dividenden.

Wichtig ist im Zusammenhang mit Aktien auch der sogenannte Shareholder-Value. Dahinter verbirgt sich die Idee, die Marktkapitalisierung des Unternehmens (also den Börsenwert) zum Wohle der Eigentümer zu maximieren. Dahinter steht die Idee, dass der Erfolg eines Unternehmens sich letztlich in einem höheren Aktienkurs äußert – zum Wohle der Eigentümer. Aus diesem Grund hat man oft die Gehälter der Unternehmensführer (so sie denn nicht selbst die Eigentümer sind) am Aktienkurs ausgerichtet – höhere Aktienkurse bedeuten ein höheres Vorstandsgehalt. Kritik an diesem Ansatz gab es dahingehend, dass die Unternehmensführer oftmals nur den kurzfristigen Aktienkurs maximierten, ohne auf die langfristige Entwicklung des Unternehmens zu achten; zudem müsse eine erfolgreiche Unternehmensführung nicht nur die Eigentümer (Shareholder), sondern auch Kunden, Lieferanten, Mitarbeiter und das gesamte gesellschaftliche Umfeld und alle Anspruchsgruppen des Unternehmens berücksichtigen (die sogenannten Stakeholder), diese Idee nennt sich dementsprechend Stakeholder-Ansatz.

Auf einen Blick – Aktien

Aktien sind Anteile an Unternehmen, die an der Börse gehandelt werden. Ihr Wert bemisst sich nach den Erfolgsaussichten des Unternehmens, die allerdings von den Marktteilnehmern unterschiedlich beurteilt werden. Jeder Aktionär ist Teileigentümer des Unternehmens, die Dividende ist dabei die Gewinnbeteiligung. Zudem räumt jede Aktie ein Mitspracherecht an der Unternehmenspolitik ein. Die sich ändernden Gewinnaussichten eines Unternehmens führen zu einem entsprechend schwankendem Preis (Kurs) der Aktie.

4.2 Anleihen

Lassen Sie uns das Beispiel vom Beginn des vorherigen Kapitels noch einmal aufgreifen: Sie wollen ein Unternehmen gründen und brauchen dazu 100 Euro, haben aber nur 50 Euro. Sie brauchen also noch 50 Euro, wollen jedoch nicht, dass Ihnen jemand in die Geschäftsführung hineinredet – das soll einzig Ihr Unternehmen sein. Also finden Sie jemanden, der Ihnen 50 Euro leiht, Ihnen einen Kredit gibt. Sie vereinbaren Folgendes: Ein Freund leiht Ihnen 50 Euro, die Sie ihm in einem Jahr zurückzahlen, zusätzlich zahlen Sie ein Entgelt für die Kapitalüberlassung plus eine Entschädigung für das Risiko, dass Sie nicht zurückzahlen können und es in der Zwischenzeit Inflation gibt, welche die 50 Euro entwertet – die Entschädigung soll 5 Euro betragen. Damit haben Sie alles beisammen, was den Kredit ausmacht, und schreiben das auf einen Zettel: die Summe, die verliehen wird (das ist der Nennwert, auch Nominalwert genannt), der Zeitraum, für den das Geld verliehen wird (die Laufzeit) und die Entschädigung für das Verleihen des Geldes – das ist der Zinssatz, er beträgt in diesem Fall zehn Prozent. Derjenige, der den Kredit aufnimmt, die Anleihe also ausstellt, wird Emittent genannt.

Nun gerät Ihr Freund in einen finanziellen Engpass und fordert seine 50 Euro zurück, doch Sie können momentan nicht zurückzahlen, weil das Geld in den Betrieb investiert ist. Also verkauft Ihr Freund diesen Kredit – den Zettel mit all den Informationen zum Kredit – an eine dritte Person. Damit ist diese Person nun Ihr neuer Gläubiger, Sie schulden das Geld nun ihm, Ihr Freund hat sein Geld zurück. Und genau das ist eine Anleihe: ein handelbar gemachter Kredit. Es gibt verschiedene Namen für und Arten von Anleihen – festverzinsliches Wertpapier, Rentenpapier, Schuldverschreibung oder Obligation, Bond –, aber die Funktionsweise ist immer dieselbe: Man verleiht einen festen Betrag für eine feste Laufzeit mit einem zuvor vereinbarten Zins.

Dieser Kredit – die Anleihe – hat andere Eigenschaften als die Aktie. Sie hat erstens eine begrenzte Laufzeit (die Beteiligung am Unternehmen in Form der Aktie ist unbefristet), zweitens bekommt der Geldgeber (der Gläubiger) am Ende der Laufzeit genau den vorher vereinbarten Betrag zurück, er ist also im Gegensatz zum Aktionär nicht am wirtschaftlichen Erfolg oder Misserfolg des Unternehmens beteiligt. Egal, ob Ihr Unternehmen gigantische Gewinne abwirft oder Verluste anhäuft – der Besitzer der Anleihe erhält nach Ende der Laufzeit den vereinbarten Betrag (den Nennwert) zurück (allerdings nicht, wenn das Unternehmen komplett pleitegeht und kein

Geld mehr hat). Und der Besitzer der Anleihe (der Gläubiger) hat keine Mitspracherechte am Unternehmen wie im Falle der Aktie.

Der Markt, auf dem Anleihen gehandelt werden, wird Anleihemarkt oder Rentenmarkt genannt – womit wir bei einer weiteren Eigenschaft von Anleihen sind: Sie werden gehandelt. Ihr Freund hat Ihnen also 50 Euro geliehen, gegen einen fest vereinbarten Zins über eine fest vereinbarte Laufzeit. Jetzt will er sein Geld früher zurück, Sie können es ihm aber vor dem vereinbarten Termin nicht zurückzahlen (weil Sie das Geld in Ihr Unternehmen gesteckt haben), also verkauft er den Kredit – die Anleihe – an eine dritte Person. Aber zu welchem Preis? Man könnte zunächst auf die Idee kommen, dass der Preis natürlich 50 Euro beträgt, das muss aber nicht sein. Nehmen wir einmal an, die dritte Person zahlt Ihrem Freund nur 40 Euro statt der 50 Euro, die der Kredit wert ist (warum das durchaus passieren kann, schauen wir uns gleich an). Diese 40 Euro sind dann der neue Preis der Anleihe, ihr Kurs. Jetzt ist etwas Wichtiges passiert: Der Dritte bekommt als Entschädigung (als Zins) für das Verleihen (wie wir oben gesehen haben) 5 Euro, das sind 10 Prozent von 50 Euro, dem Nennwert der Anleihe. Aber die dritte Person hat dafür nur 40 Euro gezahlt, und die 5 Euro Zinszahlung, die er bekommt, sind 12,5 Prozent von den 40 Euro, die er gezahlt hat. Wir haben also zwei Zinssätze: den sogenannten Nominalzins, das ist der Zins, der auf der Anleihe steht – in unserem Beispiel die 10 Prozent. Der Zins, den der Käufer der Anleihe bekommt – also die 12,5 Prozent – ist der sogenannte Effektivzins. Das ist der Zins, der sich auf den Betrag bezieht, für den man die Anleihe erworben hat.

Damit haben wir den wichtigsten Zusammenhang auf dem Anleihenmarkt. Der Effektivzins einer Anleihe hängt ab von dem Preis (Kurs), zu dem man die Anleihe gekauft hat. Dabei gilt als Faustregel: Je geringer (höher) der Kurs, desto höher (niedriger) der Effektivzins. Anhand des Beispiels sehen Sie auch, warum. Die nominale Zinszahlung (im Beispiel 5 Euro) bleibt unverändert, und je billiger man die Anleihe kauft, umso größer wird die Zinszahlung, bezogen auf den Kaufpreis der Anleihe, der den Kapitaleinsatz des Investors darstellt. Er hat im Beispiel 40 Euro investiert, um die Anleihe zu bekommen, bekommt aber 5 Euro an Zinsen – das sind 12,5 Prozent Effektivzins; der niedrigere Nominalzins von 10 Prozent hingegen entsteht dadurch, dass sich die 5 Euro Zinszahlung auf den Nominalwert von 50 Euro beziehen. Kauft die dritte Person die Anleihe für 100 Euro (damit es sich leicht rechnen lässt), sinkt der Effektivzins auf 5 Prozent (5 Euro Zinszahlung bezogen auf 100 Euro Nominalwert sind 5 Prozent). Genau das ist die Botschaft, die Sie oft den Finanznachrichten entnehmen können, wenn es dort heißt, dass die Anleihekurse gestiegen sind und die Zinsen dementsprechend ebenfalls.[12]

Lassen Sie uns nun noch eine offene Frage klären: Warum sollte man eine Anleihe, die eine Rückzahlung von 50 Euro verspricht, für 40 Euro verkaufen oder für 100 Euro kaufen? Das kann viele Gründe haben:

- Inflation. Steigt die Inflation, so werden die 50 Euro, die man erst am Ende der Laufzeit erhält, real (also in Kaufkraft betrachtet) weniger wert sein, also zahlt man heute bereits weniger für diese 50 Euro.
- Risiko. Wenn das Unternehmen (oder wer auch immer die Anleihe begeben hat, also der Emittent ist) in Schwierigkeiten gerät und die Gefahr besteht, dass es den Kredit nicht zurückzahlen kann (der Käufer der Anleihe also am Ende der Laufzeit nicht den Nennwert ausbezahlt bekommt), wird der Wert der Anleihe sinken – das Risiko, das Geld zu verlieren, wird mit einem geringeren Kaufpreis bezahlt. Um das Risiko einer Anleihe zu bewerten, gibt es sogenannte Rating-Agenturen, die versuchen, die Zahlungsfähigkeit des Unternehmens (man spricht auch von Bonität) festzustellen; dazu vergeben diese Agenturen Noten (beispielsweise „AAA“ für Unternehmen mit sehr guter Bonität oder „CC“ für ein sehr hohes Risiko, dass der Emit-

tent den Kredit nicht zurückzahlen kann (man sagt auch, dass er die Anleihe nicht mehr bedienen kann).

- Alternativen. Wenn das allgemeine Zinsniveau bei einem Prozent liegt, ist eine Anleihe mit einem Effektivzins von zwei Prozent eine schöne Sache. Dann ist man gern bereit, einen höheren Kurs zu zahlen, solange der daraus resultierende Effektivzins höher ist als das allgemeine Zinsniveau.
- Laufzeit. Je kürzer die verbleibende Laufzeit einer Anleihe ist, umso mehr nähert sich der Kurs der Anleihe ihrem Nennwert. Eine Sekunde vor Fälligkeit ist der Wert der Anleihe mehr oder weniger exakt gleich dem Nennwert, den man in der nächsten Sekunde ausgezahlt bekommt.
- Allgemeines Umfeld. Eine drohende Zinserhöhung und alles, was die Risiken für Anleihen erhöht (was also dazu führen kann, dass die Emittenten in Gefahr geraten, nicht zurückzahlen zu können), führt potenziell zu niedrigeren Anleihekursen.

Und welche Arten von Anleihen gibt es? Da wären beispielsweise zu nennen:

- Unternehmensanleihen sind Anleihen, die von Unternehmen begeben werden, in der Regel, um dem Unternehmen neue Mittel zu beschaffen.
- Staatsanleihen werden von Regierungen begeben; in Deutschland sind das die sogenannten Bundesanleihen, in England nennt man sie Gilts, in den Vereinigten Staaten heißen sie Treasuries. Hier leiht sich der Staat Geld für seine Ausgaben, auf diese Art verschuldet er sich.
- Anhand der Laufzeiten spricht man bei Anleihen mit kurzer Laufzeit von bis zu einem Jahr vom Geldmarkt (in der Abgrenzung zum Kapitalmarkt, wo längerfristige Geschäfte gemacht werden). Das ist beispielsweise Tagesgeld, Monatsgeld und Dreimonatsgeld mit fest vereinbarter Laufzeit (man spricht dann von Festgeld) und Geldmarktpapiere wie Schatzwechsel oder unverzinsliche Schatzanweisungen. Auf diesem Markt handeln vor allem Zentralbanken und

Geschäftsbanken. Hier geht es um die Beschaffung kurzfristiger Liquidität; die Zinsen am Geldmarkt werden vor allem von den Zinsen beeinflusst, welche die Notenbank verlangt, wenn sie den Geschäftsbanken Geld leiht.

Die Unterscheidung zwischen Geldmarkt und Anleihemarkt zeigt einen wichtigen Bestimmungsgrund für die Zinsen auf: die Laufzeit der Anleihe. Je kürzer die Laufzeit der Anleihe, umso geringer sind die Zinsen. Je kürzer die Laufzeit ist, umso geringer ist nämlich das Risiko, dass der Emittent noch pleitegeht und nichts zurückzahlen kann, dass die Inflation den Nennwert auffrisst oder die Marktzinsen steigen. Wer aber eine 30-jährige Anleihe kauft – bei der die Rückzahlung also erst in 30 Jahren erfolgt –, hat ganz schön viel Unwägbarkeiten auf der Karte, und diese Risiken will er mit einem entsprechend hohen Zins entschädigt bekommen.[13]

Jetzt haben wir die ganze Zeit von dem Zins gesprochen, dabei gibt es „den" Zins eigentlich nicht, sondern jede Anleihe hat einen eigenen Zins. Wer wissen will, wie das allgemeine Zinsniveau ist, wie also der gesamte Anleihemarkt aussieht, kann auf verschiedene Indikatoren achten (das ist ähnlich wie bei den Aktien die Aktienmarktindizes):

- Die Umlaufrendite ist die Durchschnittsrendite ausgewählter öffentlicher Anleihen (in der Regel mit einer Laufzeit von zehn Jahren) und anderer inländischer Festzinspapiere, die mehr als vier Jahre Gesamtlaufzeit und mindestens drei Jahre Restlaufzeit haben.
- Der Euro-Bund-Future ist ein standardisierter Terminkontrakt (ein sogenannter Future – was das ist, schauen wir uns in Kapitel 4.4 an), der sich auf eine fiktive Bundesanleihe mit einem Zins von sechs Prozent und eine Laufzeit von zehn Jahren bezieht. Er sagt vor allem etwas aus über die Zinserwartungen, weil er sich auf einen Terminkontrakt bezieht. Auch hier gilt: Sinkt der Kurs des Bund-Futures, erwarten die Märkte steigende Zinsen (und umgekehrt).
- Der Deutsche Rentenindex REX bildet vereinfacht gesagt

den Durchschnitt idealtypischer Bundesanleihen, Bundesobligationen und Bundesschatzanweisungen mit unterschiedlicher Laufzeit und Verzinsung ab.

- Als Zinssatz für kurzfristige Geschäfte über Nacht fungierten früher der EONIA-Zinssatz oder der Libor-Zinssatz, die von Geschäftsbanken und Notenbanken täglich berechnet wurden; sie werden ersetzt durch die Euro Short-Term Rate (€STR) und andere alternative Referenzzinssätze.
- Eine wichtige Rolle spielt auch der sogenannte Leitzins, das ist der Zinssatz, zu dem sich Geschäftsbanken bei der Notenbank kurzfristig Geld leihen können. In der Eurozone ist das der Hauptrefinanzierungssatz, bei der englischen Notenbank ist das die Repo Rate und in Amerika die Federal Funds Rate.

Auf einen Blick – Anleihen

Anleihen sind Kredite, die an der Börse gehandelt werden. Eine Anleihe besteht aus dem Nennwert (also dem Betrag des Kredits), der Laufzeit (wie lange der Kredit läuft) und dem Nominalzins (der Zins, den der Kreditnehmer an den Kreditgeber zahlt). Der Effektivzins einer Anleihe ist die Zinszahlung der Anleihe, bezogen auf den aktuellen Preis (Kurs) der Anleihe. Der Kurs einer Anleihe wird beeinflusst vom Risiko, das diese Anleihe hat, von Anlagealternativen und der Laufzeit der Anleihe.

4.3 Devisen

Auf Devisenmärkten wird Geld gehandelt, genauer gesagt fremde Währungen. Nicht nur Sie brauchen fremde Währungen, wenn Sie ins Ausland fahren. Unternehmen benötigen fremde Währungen, wenn sie im Ausland einkaufen, oder sie verkaufen fremde Währungen, wenn sie ihre Produkte an ausländische Unternehmen verkaufen, die in der eigenen Währung zahlen. Auch bei Investitionen oder Geldanlagen im Ausland braucht man Devisenmärkte. Dabei unterscheidet man zwischen Sorten (das ist ausländische Währungen in bar, also beispielsweise die Dollarnoten in Ihrer Brieftasche) und Devisen (das sind ausländische Währungen, die über Konten kaufen, also keine Barzahlungen).

Der Preis, zu dem ausländische Währungen gehandelt werden, ist der sogenannte Wechselkurs, den es in zwei Varianten gibt:

- Der Preiswechselkurs ist der Preis der Auslandswährung in Inlandswährung. Für die Europäer beispielsweise ist der Preiswechselkurs des Euro beispielsweise 1,10 Euro pro Dollar.
- Der Mengenwechselkurs ist sozusagen der umgekehrte Preiswechselkurs; er gibt die Menge an ausländischer Währung an, die man für eine Einheit inländischer Währung bekommt. Im Euro-Beispiel ist das dann 0,91 Dollar je Euro.[14]

Wenn der Dollar an Wert gewinnt, bedeutet das, dass der Dollar aufwertet, der Euro verliert spiegelbildlich an Wert, er wertet also ab. Muss man für einen Dollar statt 1,10 Euro beispielsweise 1,15 Euro zahlen, so ist der Dollar teurer geworden, er wertet also auf (spiegelbildlich bedeutet das, dass der Mengenwechselkurs sinkt, man bekommt nur noch 0,87 Dollar für einen Euro).

Nicht nur Unternehmen, auch Staaten verschulden sich bisweilen in ausländischer Währung, was recht riskant werden kann. Ein Beispiel dazu: Sie leihen sich 100 Dollar, der Wechselkurs beträgt aktuell eins zu eins, Sie bekommen also für die 100 Dollar, die Sie sich leihen, 100 Euro. Doch beim Zurückzahlen des Kredits stellen Sie fest, dass der Euro abgewertet hat – jetzt kostet ein Dollar zwei Euro. Um den Kredit zurückzuzahlen (natürlich in Dollar), müssen Sie Dollars kaufen, denn nun müssen Sie 200 Euro aufwenden, um die 100 Dollar zurückzuzahlen. Damit haben sich die Kosten des Kredits in Euro gerechnet verdoppelt. Solche Fremdwährungskredite sind immer ein großes Risiko – auch für Privatleute. Die vermeintliche Zinsersparnis, wegen der man bisweilen solche Kredite angeboten bekommt, wird nicht selten durch ein massives Währungsrisiko zunichtegemacht.

Die Liste der Einflüsse auf Wechselkurse ist endlos. Je mehr eine Währung nachgefragt wird, umso mehr wertet sie in der Regel auf. Um einige Einflüsse auf den Wechselkurs zu nennen:

- Steigen die Zinsen in Amerika, werden mehr ausländische Investoren ihr Geld nach Amerika bringen, um es dort zinsbringend anzulegen. Das bedeutet, dass sie ihre inländische Währung auf dem Devisenmarkt anbieten, um sie gegen Dollar zu tauschen. Die Nachfrage nach Dollar steigt, der Dollar wertet auf (die anderen Währungen werten spiegelbildlich ab).
- Je mehr ein Land exportiert, umso mehr ausländische Kunden benötigen die Währung des betreffenden Landes, um diese Güterkäufe zu bezahlen, umso mehr wird die Währung des Exportlandes also nachgefragt, weswegen sie aufwertet.
- Bisweilen versuchen die nationalen Notenbanken, den Kurs der heimischen Währung zu beeinflussen, indem sie die eigene Währung ankaufen (verkaufen), worauf diese aufwertet (abwertet).
- Auch die Erwartungen der Märkte haben Einfluss auf die Wechselkurse – wer eine Aufwertung beispielsweise des Dollar erwartet, wird Dollar kaufen, in der Hoffnung, ihn nach der Aufwertung teurer verkaufen zu können.

Auf einen Blick – Devisen

An Devisenmärkten werden Währungen aller Nationalitäten gehandelt; Unternehmen, die im Ausland einkaufen oder investieren wollen, kaufen hier die dazu benötigten ausländischen Währungen. Auch Staaten verschulden sich bisweilen in ausländischer Währung.

4.4 Derivate

Derivate sind Finanzinstrumente, die sich auf andere Finanzinstrumente oder Handelsobjekte (die man auch Underlyings nennt) beziehen. Stellen Sie sich das vor wie eine Wette auf die Wertentwicklung eines Finanzproduktes (wie Aktien oder Anleihen) oder eines Handelsobjektes (wie Rohstoffe). Man wettet entweder, dass der Wert des Underlyings steigen oder fallen wird.

Ein einfaches Beispiel macht das deutlich. Ein Landwirt erntet sein Getreide normalerweise im Oktober. Er weiß nicht, wie die Ernte ausfallen wird und welchen Preis er für seine Ernte erzielen wird. In einem guten Jahr erzielt er vielleicht 10 Euro pro Kilo, in einem schlechten Jahr hingegen nur 5 Euro. Nun kann er natürlich darauf hoffen, dass es ein gutes Jahr wird, aber er würde sich gern dagegen absichern, dass es ein schlechtes Jahr wird. Also verkauft er seine Ernte (die er erst im Oktober einfährt) bereits im Januar an einen Bäcker zu einem festen Preis für 8 Euro (man nennt das Ausübungspreis oder Strike Price). Egal, ob das Jahr nun gut oder schlecht wird – er bekommt im Oktober 8 Euro pro Kilo für seine Ernte und ist damit auf der sicheren Seite. Wird es ein gutes Jahr, bekommt er acht Euro, obwohl die Preise auf 10 Euro steigen, er verliert also zwei Euro pro Kilo. Das mag ärgerlich sein, ist aber sozusagen die Versicherungsprämie für schlechte Jahre. Fällt nämlich in einem schlechten Jahr der Preis auf 5 Euro, bekommt er trotzdem die 8 Euro. Der potenzielle Verzicht von 2 Euro pro Kilo in guten Jahren ist der Preis dafür, dass er in schlechten Jahren nicht nur 5 Euro pro Kilo bekommt. Unser Landwirt hat seine Ernte per Termin verkauft. Er hat seine zukünftige Ernte – das ist das Underlying – bereits heute zu einem festen Preis verkauft. So funktioniert ein Termingeschäft.

Schauen wir uns nun die Gegenseite dieses Geschäftes an – wer sollte denn so ein Geschäft mit unserem Landwirt abschließen? Beispielsweise ein Produzent, der die Ernte des Landwirtes verarbeiten will, sagen wir ein Bäcker. Er kauft heute die

Ernte zu 8 Euro, mit zwei Effekten: In guten Jahren, wenn der Preis auf 10 Euro steigen würde, bekommt er die Ernte zu 8 Euro, er profitiert also. In schlechten Jahren, wenn der Preis auf 5 Euro sinken würde, müsste er stattdessen 8 Euro zahlen – das ist der Preis dafür, dass er in guten Jahren nicht 10 Euro zahlen muss.

Wenn Sie dieses Beispiel verstanden haben, kennen Sie die Struktur von fast allen Geschäften, die mit Derivaten gemacht werden. Im Kern geht es immer darum, dass man einen Gegenstand, das Underlying (in unserem Beispiel ist es Getreide, es können aber auch Wertpapiere wie Aktien oder Anleihen, Devisen, Rohstoffe oder was auch immer sein), zu einem heute festgelegten Preis kauft (oder verkauft), die Lieferung des Underlyings erfolgt jedoch zu einem späteren Zeitpunkt. Nach Ablauf der vereinbarten Frist kann entweder die Lieferung des vereinbarten Gegenstandes (zum vereinbarten Preis) erfolgen oder man nimmt einen Barausgleich vor. Wenn wie in unserem Beispiel der Preis, auf den sich der Landwirt und der Bäcker geeinigt haben, 8 Euro beträgt und der tatsächliche Preis zum Liefertermin 5 Euro, könnte der Bäcker sich bei einem anderen Landwirt zu 5 Euro eindecken und der Landwirt könnte seine Ware an einen anderen Kunden verkaufen; der Kunde schuldet dem Landwirt nun die 3 Euro Differenz zwischen dem tatsächlichen Preis und den vereinbarten 8 Euro – diese Differenz kann er in bar begleichen (das nennt sich dann Cash Settlement).

Ein wichtiger Unterschied bei diesen Geschäften besteht in der Frage, ob dieses Geschäft bindend ist, also auf jeden Fall ausgeführt werden muss. Bei sogenannten Futures und Terminkontrakten beispielsweise (die im Prinzip so funktionieren wie in unserem Beispiel) wechselt zum Ende der Laufzeit zwingend der Basiswert zum vereinbarten Preis den Besitzer (oder es erfolgt ein Barausgleich). Das sind unbedingte Termingeschäfte. Bei bedingten Termingeschäften hingegen muss dieses Geschäft nicht ausgeführt werden. In diesem Fall hätte der Bauer das Recht, seine Ernte für 8 Euro zu verkaufen, müsste es aber nicht, wenn der tatsächliche Preis höher liegen würde. Diese bedingten Geschäfte werden vor allem über Optionen abgewickelt.

Man unterscheidet bei Optionen zwischen Kaufoptionen (Call) und Verkaufsoptionen (Puts). Eine Kaufoption funktioniert wie folgt: Der Käufer des Calls hat das Recht (aber nicht die Pflicht), den Gegenstand, um den es geht, zu einem späteren Zeitpunkt zu einem heute vereinbarten Preis zu kaufen. Das entspricht in unserem Beispiel der Position des Bäckers: Er kauft das Getreide heute zu 8 Euro, geliefert wird aber erst Monate später. Wenn der Preis auf 5 Euro rutscht, wird der Bäcker sein Getreide bei einem anderen Landwirt zu 5 Euro kaufen; er lässt die Kaufoption also verfallen. Die Gegenseite, der Verkäufer dieses Calls hingegen (also der Landwirt), muss auf Verlangen des Bäckers liefern. Wenn also der Preis in unserem Beispiel auf 10 Euro steigt, wird der Bäcker den Landwirt auffordern, ihm das Getreide für 8 Euro zu liefern, und der Landwirt muss liefern (man nennt diese Position des Landwirtes auch „Stillhalter“).

Aber warum sollte der Landwirt sich auf dieses Geschäft einlassen? Ganz einfach, weil der Bäcker ihm dafür eine Prämie zahlt, die unabhängig vom Ausgang dieses Geschäfts fällig wird. Fällt der Preis unter 8 Euro, so streicht der Bauer die Prämie ein, ohne liefern zu müssen. Steigt der Preis allerdings über 8 Euro, so muss er liefern, und je weiter der Preis über 8 Euro steigt, umso teurer wird das für den Bauern. Im schlimmsten Fall kann ihn das in den Ruin treiben (wenn beispielsweise der Preis auf eine Million steigt). Während der Käufer des Calls (der Bäcker) nie mehr verlieren kann als die Prämie, die er dem Verkäufer des Calls (dem Landwirt) zahlt, hat der Verkäufer des Calls ein unbegrenzt hohes Verlustrisiko – das ist nichts für schwache Nerven.

Bleiben noch die Verkaufsoptionen (Put genannt), die funktionieren recht ähnlich: Der Käufer eines Puts erhält das Recht (aber nicht die Pflicht), das Underlying (in unserem Beispiel das Getreide) zu einem heute festgesetzten Preis zu einem späteren Zeitpunkt zu verkaufen. Der Verkäufer dieses Puts, also die Gegenseite, muss auf Verlangen des Käufers diesen Basiswert zu diesem Preis kaufen. Der Landwirt kauft also eine Verkaufsoption und erhält damit das Recht, dem Bäcker seine Ernte im Oktober zu 8 Euro zu verkaufen; der Bäcker muss diese dann kaufen, egal, wo der aktuelle Preis liegt. Liegt der Preis im Oktober über 8 Euro, so wird der Landwirt die Option verfallen lassen, also an jemand anderen zu einem höheren Preis verkaufen; liegt der Preis unter 8 Euro, wird er dem Bäcker seine Ernte zu 8 Euro verkaufen, die der Bäcker auch zahlen muss. Hier droht dem Bäcker zumindest kein Totalverlust, er erhält zudem vom Landwirt eine Prämie, damit er sich überhaupt auf dieses Geschäft einlässt.

Wir haben also vier Varianten von Termingeschäften:

1. Man kauft das Recht, einen Basiswert zu einem festen Preis zu einem späteren Zeitpunkt zu kaufen (Kauf eines Calls), man spekuliert also auf steigende Preise.
2. Der Verkäufer dieses Calls, die Gegenposition, muss zu diesem späteren Zeitpunkt zum festgesetzten Preis verkaufen, er spekuliert also auf fallende Preise.
3. Man kauft das Recht, einen Basiswert zu einem späteren Zeitpunkt zu einem heute festgelegten Preis zu verkaufen (Kauf eines Put); man spekuliert also auf fallende Preise.
4. Der Verkäufer dieses Put, die Gegenseite, muss zu diesem späteren Zeitpunkt den Basiswert zum heute festgelegten Preis kaufen, er spekuliert also auf eher steigende Preise.

Schauen wir uns zu diesen Varianten ein Beispiel an:

1. Ein Unternehmen will sich gegen steigende Rohstoffpreise absichern und kauft diese deswegen schon heute zu einem heute fixierten Preis ein. Damit schützt sich das Unternehmen vor steigenden Rohstoffpreisen, welche die Produktion verteuern würden.
2. Ein Unternehmen weiß, dass es in drei Monaten Dollars von einem ausländischen Kunden bekommt, der damit eine Rechnung begleicht. Da man nicht riskieren will, dass der Dollar bis dahin abwertet (also an Wert verliert), verkauft

man diese Dollars bereits heute zu einem heute fixierten Kurs. Damit hat das Unternehmen das Wechselkursrisiko ausgeschaltet.

3. Hier kann man dasselbe Beispiel wie unter Punkt 2 anwenden. Wie im Beispiel 2 spekuliert man hier auf fallende Preise, mit einem Unterschied: Sollten die Preise wider Erwartung durch die Decke gehen, ist das Verlustrisiko im Gegensatz zu Beispiel 2 nicht unendlich groß.
4. Hier kann man dasselbe Beispiel wie unter Punkt 1 anwenden, auch hier erwartet man eher steigende Preise.

Wie Sie sehen, gibt es also zwei grundsätzliche Positionen: Man spekuliert auf steigende Preise (das nennt man „long" sein) oder fallende Preise („short" gehen). Welches dieser Geschäfte Sie anwenden, um auf steigende oder fallende Preise zu wetten, hängt von vielen individuellen Umständen ab.

Eine spezielle Variante sollte man noch kennen, die sogenannten Leerverkäufe. Das entspricht im Grunde genommen dem Verkauf eines Calls. Man verpflichtet sich also, zu einem heute fixierten Preis später den Basiswert zu liefern – aber ohne diesen Basiswert zu besitzen; man verkauft ihn also „leer". Unser Unternehmen in Beispiel 2 weiß, dass es diese Dollars bekommt, verkauft also nicht leer. Würde es dieses Geschäft abschließen, ohne Dollars zu besitzen, so könnte es am Ende der Laufzeit in arge Bedrängnis kommen, wenn nämlich der Preis des Dollar dramatisch gestiegen ist. Solche Leerverkäufe haben manchem Marktteilnehmer schon das Genick gebrochen.

Bei Derivaten spielt außerdem die sogenannte Hebelwirkung eine Rolle. Man kann mit Derivaten prozentual höhere Gewinne machen als mit Aktien, weil man einen geringeren Kapitaleinsatz hat. Nehmen wir an, eine Aktie kostet 100 Euro, die Option (die zum Kauf einer Aktie zu einem Preis von 105 Euro berechtigt) kostet aktuell 2 Euro. Steigt der Kurs der Aktie nun zum Ende der Laufzeit der Option um 10 Prozent auf 110 Euro, so könnten Sie nun die Aktie für 105 Euro erwerben. Abzüglich der 2 Euro, die Sie für die Option gezahlt haben, bleibt Ihnen ein Gewinn von 3 Euro. Bezogen auf Ihren Kapitaleinsatz von 5 Euro ergibt das einen prozentualen Gewinn von 60 Prozent, während die Aktie nur 10 Prozent zugelegt hat. Damit hat die Option einen Hebel von 6, weil sie einen 6-fach höheren Gewinn einbringt als der Basiswert selbst (in unserem Beispiel die Aktie). Man kann also mit kleineren Summen relativ gesehen größere Gewinne einfahren, ähnlich wie bei einem echten Hebel, wo man mit wenig Kraft schwere Gegenstände bewegen kann. Dieser Hebel funktioniert allerdings nicht nur nach oben, sondern auch nach unten. Verluste werden also auch gehebelt.

Damit wissen Sie das Wichtigste über Derivate und wie sie funktionieren. Im Einzelfall gibt es viele ausgefallene Konstruktionen, die sich wirtschaftlich und rechtlich stark unterscheiden, Nebenbedingungen ins Spiel bringen[15], an unterschiedlichen Plätzen gehandelt werden, teils standardisiert sind, teils frei ausgehandelt werden.

Auf einen Blick – Derivate

Derivate sind Finanzprodukte, die sich aus anderen Produkten ableiten. Im Kern geht es darum, dass man auf den zukünftigen Preis (Kurs) eines Basiswertes (das kann von der Aktie bis zur Schweinebauchhälfte alles sein) spekuliert. Man spekuliert auf steigende Preise („long"), indem man entweder heute schon den Basiswert zu einem heute fixierten Preis einkauft (Kauf Call oder Verkauf Put). Man spekuliert auf fallende Preise, indem man sich heute verpflichtet, den Basiswert zu einem heute fixierten Preis zu verkaufen (Verkauf Call, Kauf Put).

4.5 Andere Produkte

Ein weiterer wichtiger Markt sind die Märkte für Rohstoffe, hier wird alles gehandelt, was man der Natur abgewinnen kann:

- Energieträger wie Öl, Benzin, Kohle oder Erdgas,
- Industriemetalle, beispielsweise Kupfer, Aluminium, Zinn, Blei, Nickel,
- Edelmetalle wie Gold, Silber oder Platin,

- Agrargüter wie Schweinebäuche, Orangensaftkonzentrat, Sojabohnen, Holz, Mais, Kaffee oder Kakao,
- sonstige Güter wie Wasser, Kohlendioxid oder seltene Metalle.

Auf den Rohstoffmärkten wird viel über Termingeschäfte gehandelt. Die Preise der Rohstoffe werden von allem beeinflusst, was man sich vorstellen kann: von Kriegen und Krisen, Konjunkturschwankungen, Wechselkursen, Naturkatastrophen, Transport- und Lagerkosten, politischen Ereignisse oder dem Wetter. Wer nicht direkt mit Rohstoffen handeln will (oder kann), kauft Aktien von Rohstoffunternehmen. Es gibt mittlerweile auch Fondsprodukte und Zertifikate, mit denen Privatanleger in Rohstoffe investieren können.

Zertifikate sind börsennotierte Wertpapiere, deren Wertentwicklung an einen Basiswert geknüpft sind, beispielsweise an den Goldpreis. Rechtlich gesehen handelt es sich dabei um sogenannte Inhaberschuldverschreibungen, also Anleihen. Wer eine Anleihe kauft, leiht dem Herausgeber des Zertifikates Geld. Das bedeutet im Gegensatz zu Fonds, dass der Anleger hier ein sogenanntes Emittentenrisiko hat: Geht der Herausgeber des Zertifikates (das sind oft Banken) pleite, ist sein Geld weg. Bei Fonds (die kennen Sie aus Kapitel 3.4) hingegen ist das Vermögen der Anleger geschützt, es ist ein sogenanntes Sondervermögen. Geht die Fondsgesellschaft pleite, so ist das Geld der Anleger davon unberührt.

Auf einen Blick – Andere Handelsprodukte

An der Börse wird alles gehandelt, was man sich vorstellen kann – Agrargüter, Metalle, Energielieferanten und andere Naturprodukte. Oftmals werden solche Produkte auf Termin gehandelt; Privatanleger können in solche Produkte über Zertifikate, Optionsscheine oder Fonds investieren.

---

5. Welche Ideen bewegen Kapitalmärkte?

5.1 Rendite, Risiko, Alpha und Beta

Um sie dreht sich alles an den Kapitalmärkten: die Rendite. Sie gibt an, welchen Ertrag man mit einem Investment – dem Kauf einer Aktie, einer Immobilie oder was auch immer – erzielt hat. Das Prinzip der Renditeberechnung ist einfach: Man zieht vom Ertrag des Investments den Aufwand ab, das ist der Gewinn. Diesen Gewinn multipliziert man mit 100 und dividiert ihn durch das eingesetzte Kapital; das Ergebnis ist die Rendite in Prozent des eingesetzten Kapitals. Wenn Sie also eine Aktie für 100 Euro gekauft und für 110 Euro verkauft haben, ist das ein Gewinn von 10 Euro. Bezogen auf den Kapitaleinsatz von 100 Euro ergibt das eine Rendite von 10 Prozent (10 mal 100 dividiert durch 100).

Bei Unternehmen spricht man von der Eigenkapitalrendite (das ist der Gewinn in Prozent des Unternehmenseigenkapitals), bei Aktien wird oft die Dividendenrendite berechnet (das ist die Dividende in Prozent des Aktienwertes, sie gibt an, wie viel Prozent des Aktienwertes in Form einer Dividende an den Eigentümer ausgeschüttet wird). Weiter unterscheidet man zwischen der Bruttorendite (die Rendite vor Steuern und Gebühren) und der Nettorendite (die Rendite nach Abzug von Steuern und Gebühren).

Erst die Berechnung einer Rendite macht Investitionen miteinander vergleichbar – es macht schon einen Unterschied, ob man mit einem Kapitaleinsatz von 100 Euro 10 Euro Gewinn erzielt oder mit einem Kapitaleinsatz von 1000 Euro 15 Euro (im ersten Fall beträgt die Rendite 10 Prozent, im zweiten Fall nur 1,5 Prozent)[16]. Allerdings muss man bei einem Renditevergleich auch die Laufzeit des Investments berücksichtigen: Wenn zwei Investments die gleiche Rendite haben, das erste aber nach einem Jahr den Gewinn ausschüttet, während man beim zweiten Investment 20 Jahre warten muss, macht das einen Unterschied (je länger Sie auf Ihren Gewinn warten, umso höher ist beispielsweise das Risiko, dass Inflation diesen Gewinn entwertet). Solche Investments rechnerisch vergleichbar zu machen, ist mathematisch ein wenig aufwendiger, das schauen wir uns genauer in Kapitel 5.2 an.

Wenn also ein Investment 10 Prozent bringt, das andere Investment 20 Prozent, dann ist das zweite Investment das bessere, richtig? Nicht ganz. Der entscheidende Punkt bei einem Vergleich von Renditen ist das Risiko, und hier gilt eine eiserne Faustregel, ja, fast ein Naturgesetz: Je höher die Rendite eines Investments ist, umso höher ist das damit verbundene Risiko. Warum? Ganz einfach, weil Investoren nur dann bereit sind, ein höheres Risiko einzugehen, wenn man sie angemessen dafür entlohnt. Diese Regel gilt immer, und nein, es gibt keine Ausnahmen. Wenn Ihnen jemand eine höhere Rendite bei gleichem Risiko verspricht, hat er entweder keine Ahnung von Kapitalmärkten oder – was wahrscheinlicher ist – er ist ein Betrüger.

Das bringt uns zur zweiten wichtigen Kennzahl, um die sich an den Kapitalmärkten alles dreht: Wie misst man das Risiko? Das Risiko eines Investments ist umso größer, je höher die Schwankungen des Wertes und der Erträge des Investments sind. Investment A beispielsweise bringt zwei Prozent, die aber sicher, ohne Schwankungen, und sein Wert verändert sich auch nicht. Dann kann man sagen, dass das Risiko mehr oder weniger null ist. Investment B hingegen hat ungewisse Erträge. Zu 50 Prozent bringt es eine Rendite von vier Prozent, zu 50 Prozent bringt es keinen Gewinn. Wenn Sie beide Investments miteinander vergleichen, werden Sie je nach Risikoneigung zu einem anderen Schluss kommen. Rein statistisch betrachtet ist die erwartete Rendite beider Investments gleich: Investment 1 bringt zwei Prozent, Investment 2 bringt im Durchschnitt auch zwei Prozent. Warum? Würden Sie Investment 2 1000-mal kaufen, würden Sie in etwa 500-mal vier Prozent bekommen und 500-mal null Prozent, das macht im Durchschnitt zwei Prozent. Trotzdem wäre Investment 1 für viele Anleger lukrativer, weil Sie hier die zwei Prozent sicher haben – warum dann ein Risiko eingehen und Investment 2 wählen?

Nun ist das im obigen Beispiel leicht nachvollziehbar, was aber, wenn es mehr Zahlen werden? Zu diesem Zweck berechnen Statistiker die sogenannte Standardabweichung, das ist die durchschnittliche Abweichung eines Wertes um seinen Durchschnitt. Nehmen Sie an, eine Aktie hatte in der Woche 3 verschiedene Kurse: 10 Euro am ersten Tag, 20 Euro am zweiten Tag, 30 Euro am dritten Tag. Dann beträgt der durchschnittliche Kurs 20 Euro. Die Standardabweichung, also die durchschnittliche Abweichung von diesem Kurs, beträgt 10 Euro. Jetzt verändern wir das Beispiel, die Werte seien 5 Euro am ersten Tag, 20 Euro am zweiten Tag, 35 Euro am dritten Tag. Der Durchschnittskurs beträgt immer noch 20 Euro[17], aber die durchschnittliche Abweichung von diesem Kurs beträgt nun 15 Euro – die Standardabweichung ist also gestiegen. Der nackte Blick auf die Zahlen zeigt das schon: Wenn die Aktie nur um 10 Euro um den Durchschnitt schwankt, sind das weniger Kursschwankungen, als wenn sie um 15 Euro um den Durchschnitt schwankt. Und genau das besagt die Standardabweichung.

Damit ist auch klar, warum die Standardabweichung ein Risikomaß ist. Je größer sie ist, umso mehr schwankt der Wert eines Investments um seinen Durchschnittswert, umso größer ist die Gefahr, dass es auch an den zukünftigen Tagen zu größeren Kursschwankungen nach oben und unten kommen wird. Wenn Sie so wollen, misst die Standardabweichung die Sprunghaftigkeit eines Investments, sie zeigt an, wie stark der Kurs eines Wertes schwankt. An der Börse heißt die Standardabweichung Volatilität. Sie misst, wie stark der Ertrag eines Investments um den Mittelwert schwankt (man misst hier also statt der Schwankung des Wertes die Schwankung des Ertrags). Eine Volatilität von einem Prozent beispielsweise besagt, dass während des beobachteten Zeitraums die Rendite um ein Prozent von ihrem Durchschnitt abgewichen ist.

Es gibt sogar Indizes, welche die Volatilität des Marktes messen, beispielsweise der Volatilitätsindex VIX an der amerikanischen Börse oder der VDAX-NEW, der die Volatilität für den Aktienindex DAX misst (den haben Sie Kapitel 4.1 kennengelernt). Aber diese Indizes haben eine Besonderheit, sie messen nicht die historische Volatilität, sondern die erwartete (sogenannte implizite) Volatilität, die man aus den Kursen von Optionen errechnen kann (vereinfacht gesagt stecken in jedem Optionspreis auch die Erwartungen der Optionskäufer über die zukünftigen Kursschwankungen, die rechnet man da heraus). Eine höhere implizite Volatilität bedeutet, dass die Marktteilnehmer in der Zukunft höhere Kurs- und Ertragsschwankungen erwarten – dass es also mehr Unruhe an den Märkten geben wird.

Statistiker bezeichnen die Standardabweichung mit dem griechischen Buchstaben Sigma, weswegen an Finanzmärkten auch oft vom Sigma gesprochen wird, wenn es sich um Volatilität dreht. Man sollte an Kapitalmärkten noch zwei weitere griechische Buchstaben kennen: das Alpha und das Beta. Das Beta bezeichnet die Bewegung des Gesamtmarktes, das Alpha die Bewegung eines einzelnen Wertes. Stellen Sie sich einen Hafen vor, in dem viele Boote liegen – gute Boote und schlechte Boote. Wenn die Flut kommt, werden alle Boote davon gehoben, die guten wie die schlechten. Aber unabhängig von der Flut gibt es Boote, die besser schwimmen und im Wasser liegen, und Boote, die unterzugehen drohen. Die Flut, das ist das Beta, damit ist gemeint, dass bestimmte wirtschaftliche Einflüsse (ein Aufschwung, das Ende eines Krieges oder andere Ereignisse) die Kurse aller Aktien gleichermaßen heben (oder senken). Wenn beispielsweise die Konjunktur anzieht, beflügelt das die Gesamtwirtschaft, damit alle Unternehmen und alle Aktien – das ist das Beta. Darüber hinaus gibt es Unternehmen, die besonders gut aufgestellt sind und aufgrund ihrer guten Führung, ihrer tollen Produkte oder aus welchem Grund auch immer besser sind als andere Unternehmen, deren Aktienkurs wird deswegen zusätzlich steigen – das ist das Alpha.

Verkürzt gesagt hat ein Aktienkurs zwei Einflüsse. Er reagiert auf das gesamtwirtschaftliche Umfeld wie alle anderen Unternehmen (Beta) und auf die nur dem Unternehmen eigenen, individuellen Faktoren wie beispielsweise das Management oder das Produkt (Alpha). Das Beta kann man ablesen, indem man auf die Entwicklung der Aktienmarktindizes schaut, diese bilden schließlich den Gesamtmarkt ab, und alles, was die Unternehmen in ihrer Gesamtheit betrifft, findet dort seinen Niederschlag.

Aus diesen Überlegungen ergeben sich zwei Investmentstrategien. Man kann sich zum einen damit zufriedengeben, das zu erzielen, was der Markt abwirft, also das Beta. In diesem Fall setzt man einfach auf einen Marktindex und investiert in die Werte, die in dem Index sind, dann bekommt man automatisch den Ertrag des Index, also des Gesamtmarktes, also das Beta (das nennt sich „passives Investieren"). Oder aber man möchte die besten Unternehmen rausfischen, also die Boote, die besser schwimmen, dann begibt man sich auf die Jagd nach dem Alpha. Nicht ohne Grund hat diese Jagd nach dem Alpha in den vergangenen Jahren immer mehr zugenommen. Wer Ihnen Alpha verspricht, verspricht, dass die Erträge seiner Investments nicht von der breiten Marktbewegung herkommen, sondern von seiner Fähigkeit, Unternehmen oder Investments zu finden, die besser sind als der Gesamtmarkt. Wir werden auf die Unterscheidung zwischen Alpha und Beta noch einmal zurückkommen, wenn wir uns in Kapitel 5.5 fragen, wie effizient Märkte sind.

Auf einen Blick – Rendite, Risiko, Alpha und Beta

Die Rendite eines Investments erhält man, wenn man den Ertrag durch den Kapitaleinsatz dividiert. Allein allerdings ist diese Zahl wenig aussagekräftig. Entscheidend ist, bei welchem Risiko man diese Rendite erzielt. Dabei gilt stets: je höher die potenzielle Rendite, desto höher das zu erwartende Risiko. Das Risiko selbst wird oft über die sogenannte Volatilität gemessen, das sind die durchschnittlichen Abweichungen der Rendite eines Investments von seiner Durchschnittsrendite. Die Rendite eines Investments hängt dabei von zwei Einflussfaktoren ab: von der Entwicklung des gesamtwirtschaftlichen Umfelds, die alle Werte beeinflusst (das sogenannte Beta), und von individuellen Faktoren, die nur das Investment selbst unmittelbar betreffen (das sogenannte Alpha).

5.2 Zinsen und Diskontierung

Kein Gang an die Kapitalmärkte ohne die Idee des Zinses – wobei man darauf achten muss, die Unterschiede zwischen Zins und Rendite zu beachten. Wie wir bereits gesehen haben, ist der Zins die Vergütung für die Überlassung von Geld – wenn man schon sein Geld verleiht, will man dafür entschädigt werden, aus drei Gründen:

- Erstens verzichtet man eine Weile auf sein Geld. Anstatt damit sofort etwas Schönes zu kaufen, leistet man zumindest temporär Verzicht. Den will man entschädigt haben.
- Zweitens droht Inflation den Wert des geliehenen Geldes zu vernichten – dafür will man ebenfalls entschädigt werden. Man spricht hier auch von Inflationsausgleich.
- Drittens besteht immer das Risiko, dass der Partner, dem man sein Geld geliehen hat, es später nicht zurückzahlen kann; auch für dieses Risiko will man entschädigt werden. Das ist die sogenannte Risikoprämie.

Lassen Sie uns kurz schauen, wie der Zins funktioniert. Sie verleihen beispielsweise 100 Euro für ein Jahr, am Ende des Jahres erhalten Sie 110 Euro zurück. Damit beträgt der Zinssatz 10 Prozent. Hier berechnen Sie den Zinssatz genau wie die Rendite im vorherigen Kapitel: Ertrag (10 Euro) mal 100, dividiert durch Kapitaleinsatz (100 Euro) ergibt 10 Prozent. Mithilfe dieser Formel kann man auch eine andere Fragestellung beantworten: Was sind 110 Euro, die ich in einem Jahr bekomme, bei einem Zinssatz von 10 Prozent heute wert? Die Antwort liegt auf der Hand, 100 Euro. Diesen Vorgang, den heutigen Wert zukünftiger Zahlungen auszurechnen, nennt man abzinsen oder diskontieren. Die Fragestellung lautet also, was ein Wert X, den man in Y Jahren (Monaten oder Tagen) erhält, heute wert wäre.

Warum ist diese Frage wichtig? Ganz einfach: Investor A verspricht Ihnen einen Gewinn von 10 Euro in einem Jahr, Investor B verspricht Ihnen 15 Euro in zwei Jahren; in beiden Fällen müssen Sie heute 100 Euro auf den Tisch legen. Welches Investment ist renditetechnisch gesehen besser? Um diesen beiden Investments vergleichen zu können, zinst man sie auf den heutigen Zeitpunkt ab (im Grunde genommen so wie im obigen Absatz, wobei man hier noch die um ein Jahr längere Laufzeit in der Formel für die Abzinsung berücksichtigt) und kann dann die Rendite zum heutigen Stichtag miteinander vergleichen. In unserem Beispiel bringt Investment A eine Rendite von 10 Prozent (wie wir oben gesehen haben), Investment B hingegen bringt nur 7,2 Prozent.[18]

Dieser Prozess der Abzinsung oder Diskontierung spielt bei vielen Investments eine wichtige Rolle. Da an der Börse immer die Zukunft gehandelt wird, will man wissen, was ein Betrag X, den man in Y Jahren bekommt, heute ungefähr wert ist. Beispielsweise findet diese Methode beim sogenannten Discounted-Cash-Flow-Modell (DCF) Anwendung, mit dessen Hilfe man den aktuellen Wert eines Unternehmens oder eines Wertpapiers herausfinden will. Dazu schätzt man die zukünftigen Zahlungsströme, die man von dem Unternehmen (oder Wertpapier) erwarten kann, und zinst diese auf die Gegenwart ab. Das Ergebnis ist dann – im Optimalfall – die zukünftige Ertragskraft eines Unternehmens, abgezinst auf den heutigen Tag. Dass dieses Verfahren mit vielen Unwägbarkeiten behaftet ist, braucht man kaum zu erwähnen: Man kennt nicht die genauen zukünftigen Zahlungsströme, weder was Höhe noch was Zeitpunkt angeht, und man weiß nicht, welchen Zinssatz man verwenden soll – oft wird der Zinssatz einer alternativen, risikolosen Anlage verwendet.

Ein anderer Zins, der oft verwendet wird, ist in diesem Zusammenhang der interne Zinsfuß, das ist der Zinssatz, bei dem der Kapitalwert null ist. In Klartext: Der interne Zinsfuß ist der Zinssatz, bei dem Ihr Investment null auf null aufgeht. Sie bekommen Ihren Einsatz zurück, aber keinen Cent mehr.

Ein letzter Begriff, den man im Zusammenhang mit Zinsrechnung kennen muss, ist der Zinseszins. Damit ist der Umstand gemeint, dass sich ein Investment, das sich über mehrere Perioden (beispielsweise Jahre) verzinst, exponentiell entwickelt. Wenn Sie 100 Euro für ein Jahr zu zehn Prozent anlegen, erhalten Sie nach einem Jahr 110 Euro. Wenn Sie 110 Euro für zwei Jahre zu zehn Prozent anlegen, erhalten Sie 121 Euro. Intuitiv hätte man erwartet, dass man nur 120 Euro erhält, also zweimal eine Zinszahlung von zehn Euro. Der überschüssige Euro (man erhält 21 Euro Zinsen statt 20 Euro) kommt daher, dass die zehn Euro, die man im ersten Jahr dazugewonnen hat, nun über das zweite Jahr mit zehn Prozent verzinst werden, macht genau den einen zusätzlichen Euro. Nun kann man aber auch für drei, vier, 10, 20 Jahre anlegen, und das Resultat ist erstaunlich: Bei vier Jahren erhält man 146,41 Euro, bei 10 Jahren 259,37 Euro und bei 20 Jahren 672,75 Euro. Je länger Ihr Geld arbeitet, umso mehr wird es. Das ist der Zinseszinseffekt.[19] Er ist auch der Grund, warum Politiker und Vermögensberater empfehlen, mit der Altersvorsorge so früh wie möglich anzufangen. Je früher man anfängt, umso länger kann der Zinseszinseffekt wirken und mehr oder weniger automatisch ein Vermögen aufbauen.

Wer diesem Effekt ohne große Mathematik auf die Spur kommen will, wendet die sogenannte 72er-Regel an, eine einfache Faustregel: Teilen Sie die Zahl 72 durch den Zins, dann wissen Sie, nach wie vielen Jahren sich dieser Betrag aufgrund des Zinseszinseffektes verdoppelt hat. Legen Sie also einen Betrag zu 8 Prozent an, so verdoppelt sich dieser aufgrund des Zinseszinseffektes nach 72 geteilt durch 8 = 9 Jahren.

Auf einen Blick – Zinsen

Mithilfe der Zinsrechnung kann man verschiedene Investitionsobjekte miteinander vergleichbar machen, indem man diese auf ihren Gegenwartswert abzinst. Wichtig ist auch der sogenannte Zinseszinseffekt, der dazu führt, dass die Erträge eines Investments umso größer werden, je länger das Kapital angelegt ist. Hier hilft die 72er-Regel: Man teilt den betreffenden Betrag durch den Zins, um zu erfahren, nach wie vielen Jahren sich dieser Betrag aufgrund des Zinseszinseffektes verdoppelt hat.

5.3 Portfoliomanagement

Der Begriff „Portfolio“ spielt bei der Vermögensanlage eine wichtige Rolle. Ein Portfolio ist ein Bestand von Wertpapieren, den ein Anleger oder ein institutioneller Investor verwaltet. Wenn Sie zwei Aktien und eine Anleihe besitzen, besteht Ihr Portfolio aus zwei Aktien und einer Anleihe. Klingt banal, ist aber ein extrem wichtiger Sachverhalt: Die Zusammensetzung Ihres Portfolios entscheidet wesentlich über Ihren Anlageerfolg (man spricht auch von der sogenannten Asset Allocation).

Überlegen Sie einmal. Was entscheidet darüber, wie erfolgreich man an der Börse ist? Die spontane Antwort ist: die Auswahl der richtigen Wertpapiere. Das stimmt grundsätzlich, wer Aktien schlechter Unternehmen kauft oder Anleihen von Pleitekandidaten, wird viel Geld verlieren. Aber das ist nicht alles. Nicht die Einzeltitel, sondern die Summe aller Einzeltitel entscheidet darüber, wie erfolgreich Sie beim Investieren sein werden. Und die Summe Ihrer Einzeltitel ist Ihr Portfolio.

Dazu ein einfaches Beispiel. Sie kaufen zwei Aktien eines Regenschirmherstellers. Wird es ein regnerischer Sommer, so verdient dieser gut, der Aktienkurs und die Dividende steigen, Ihr Investment hat sich gelohnt. Aber was, wenn es ein sonniger Sommer wird? Dann geht das Regenschirmgeschäft den Bach runter, und Ihr Portfolio auch. Und jetzt die Idee: Was, wenn Sie nur eine Aktie des Regenschirmherstellers kaufen und als zweiten Wert die Aktie eines Sonnencremeherstellers? Dann passiert Folgendes: Wird der Sommer regnerisch, läuft die Regenschirm-Aktie gut, aber die Sonnencreme-Aktie schlecht – im Schnitt haben Sie einen höheren Verlust, als wenn Sie nur Regenschirm-Aktien hätten. Wird der Sommer sonnig, läuft die Regenschirm-Aktie schlecht, aber die Sonnencreme-Aktie gut – im Schnitt ist der Verlust nun geringer als bei einem Portfolio, das nur aus Regenschirm-Aktien besteht. Indem Sie Ihr Portfolio nicht nur auf einen regnerischen Sommer ausrichten, haben Sie es diversifiziert, es also mit vielfältigen Werten bestückt und dadurch das Verlustrisiko reduziert (scheint die Sonne, sind Ihre Verluste mit dem diversifizierten Portfolio geringer als mit einem Portfolio, das nur aus Regenschirm-Aktien besteht). Allerdings haben Sie zugleich die Gewinnchancen nach oben reduziert, weil bei regnerischem Wetter die Sonnencreme-Aktie Ihren Investmenterfolg begrenzt. Die Begrenzung der Gewinnmöglichkeiten nach oben ist der Preis dafür, dass man die Verlustrisiken nach unten begrenzt.

Hier sehen Sie den Zusammenhang zwischen Risiko und Rendite (den Sie schon in Kapitel 5.1 kennengelernt haben): Das nicht diversifizierte Regenschirm-Portfolio bietet potenziell höhere Gewinnchancen (wenn es regnet, hat man zwei Aktien, die steigen), dafür ist das diversifizierte Regenschirm-Sonnencreme-Portfolio risikoärmer, weil man auf jeden Fall immer eine Aktie hat, die steigt, egal, wie das Wetter wird. Und genau darum geht es beim sogenannten Portfoliomanagement und in der Portfolio-Theorie. Man versucht, die Papiere in einem Portfolio so zu kombinieren, dass man zugleich den Ertrag dieses Portfolios maximiert und das Verlustrisiko minimiert. Es geht also darum, wie viele und welche Kombination von Wertpapieren man sich ins Depot legt.

Wie genau man ein solches Portfolio konstruiert, ist eine Wissenschaft für sich, vor allem der Nobelpreisträger Harry Markowitz hat sich dabei einen Namen gemacht. Generell achtet man bei der Konstruktion eines Portfolios auf zwei Eigenschaften der Investments: Ihr Risiko (das man durch die Volatilität messen kann, das kennen Sie aus dem vorherigen Kapitel) und die sogenannte Korrelation. Die Korrelation ist ein statistisches Maß für den Zusammenhang zwischen zwei Werten. Die Werte für eine Korrelation liegen zwischen minus eins und plus eins; minus eins bedeutet, dass sich zwei Werte komplett gegensätzlich entwickeln, plus eins bedeutet, dass beide Werte sich exakt gleich bewegen, und null bedeutet, dass es keinen Zusammenhang zwischen den beiden Werten gibt.

Das ist recht abstrakt, also schauen wir uns einmal unsere Regenschirm- und Sonnencreme-Aktien an. Die haben eine Korrelation von minus eins (oder fast minus eins), denn wenn es regnet, steigen die Regenschirm-Aktien, während die Sonnencreme-Aktien sinken. Scheint die Sonne, ist es genau andersherum. Die beiden Werte sind also perfekt negativ korreliert, die Korrelation hat einen Wert von minus eins. Nehmen Sie aber beispielsweise eine Regenschirm-Aktie und einen Hersteller von Gummistiefeln – die dürften stark positiv korreliert sein (die Korrelation dürfte gegen plus eins gehen); wenn es regnet, steigen beide Werte, wenn die Sonne scheint, fallen beide. Und die Regenschirm-Aktie dürfte zu der Aktie eines Lebensmittelproduzenten eine Korrelation von null haben, da man unterstellen kann, dass es hier keinen irgendwie gearteten Zusammenhang gibt.

Wenn Sie nun noch einmal an unsere Überlegungen zur Konstruktion eines Portfolios denken, kommen Sie rasch zu einem einfachen Resultat. Je mehr Werte man in seinem Portfolio hat, die negativ korreliert sind, umso geringer ist das Risiko, dass man Totalverlust erleidet (das Risiko, also die Gesamtvolatilität des Portfolios, sinkt), aber die Gewinnmöglichkeiten nach oben werden umso mehr begrenzt. Die Kunst der Portfolio-Konstruktion besteht also darin, Risiko (Volatilität) und Absicherung (Korrelation) so miteinander zu kombinieren, dass man eine möglichst hohe Rendite bei möglichst geringem Risiko erhält.

Der Begriff der Korrelation spielt in der Portfolio-Theorie eine herausragende Rolle, viele Vermögensverwalter suchen nach Werten, die eine geringe Korrelation untereinander aufweisen, um das Risiko des Gesamtportfolios zu reduzieren. Eine negative Korrelation wird auch als Absicherungsinstrument („Hedge", das kennen Sie aus Fußnote 4) angesehen. Wenn man beispielsweise beobachtet, dass der Goldpreis sinkt, wenn die Aktienkurse steigen, kauft man Gold, um sich gegen den Absturz der Aktienkurse abzusichern.

Womit wir bei der Messung des Erfolgs eines Portfolios wären. Wer wissen will, wie gut ein Portfolio ist, darf nicht nur auf die absolute Rendite in Prozent schauen, sondern muss auch das Risiko, also die Wertschwankungen dieses Portfolios, im Blick haben. Sagt Ihnen ein Portfoliomanager, dass er eine Wertsteigerung von acht Prozent erreicht hat, so ist diese Zahl wenig aussagekräftig, solange er nicht auch das Risiko beziffert, das er eingegangen ist, um diesen Ertrag zu erzielen. Aber nicht nur das, man muss diesen Erfolg auch vergleichen mit anderen Portfolios – gibt es Portfoliomanager, die mehr rausgeholt haben bei geringerem Risiko? Und da es schwer ist, sich einen Überblick über alle Portfolios dieser Welt zu verschaffen, vergleicht man die Wertentwicklung eines Portfolios mit dem Gesamtmarkt, also mit gängigen Marktindizes. So vergleichen Manager von Aktienportfolios ihren Anlageerfolg mit gängigen Aktienmarktindizes; wer ein Portfolio mit deutschen Aktien verwaltet, misst sich mit dem DAX, wer in amerikanische Aktien investiert, schaut auf den Dow-Jones-Index oder den S&p-500-Aktienindex. Man spricht von den betreffenden Indizes dann auch als Benchmark.

Sie finden diesen Vergleich zumeist in den Werbebroschüren der Vermögensverwalter, die Ihnen ihre Dienste anbieten, dort heißt es dann beispielsweise, dass man soundsoviel Prozent besser abgeschnitten habe als der Vergleichsindex (Benchmark), bisweilen spricht man auch vom „Gesamtmarkt“. Bei diesen werbenden Aussagen muss man ein wenig aufpassen, denn durch eine schlitzohrige Auswahl des Vergleichsindex kann man selbst einen lahmen Gaul wie ein Rennpferd aussehen lassen. Wer beispielsweise mit Technologie-Aktien (die oft sehr riskant sind) 10 Prozent Rendite macht, sollte sich nicht mit dem deutschen Aktienindex DAX vergleichen, in dem eher alteingesessene, große Unternehmen vertreten sind, die weniger Gewinnpotenzial haben, dafür aber weniger schwanken als Technologiewerte.

In diesem Zusammenhang ist es wichtig zu wissen, dass Portfoliomanager unterschiedliche Strategien fahren, man spricht auch von Investmentstilen. Da unterscheidet man beispielsweise defensive Strategien (Verlustminimierung als oberste Priorität) von offensiven oder ausgewogenen Stilen oder Value-Strategien (man setzt auf Werte, die in ihrer Substanz unterbewertet zu sein scheinen, aber eher solide Unternehmen sind) von Growth-Strategien (man setzt auf Aktien, die überdurchschnittliche Gewinne erwarten lassen, also vor allem auf junge Technologieunternehmen). Eine weitere Unterscheidung in Investmentstilen, die Frage, ob man passiv oder aktiv investiert, werden wir in Kapitel 5.5 kennenlernen.

Eine letzte Portfolio-Konstruktionstechnik soll hier noch kurz vorgestellt werden, das sogenannte 1:n-Portfolio. So nennt man Portfolios, die nach ganz simplen Faustregeln zusammengestellt werden, beispielsweise indem man ein Drittel seines Geldes jeweils in Aktien, Anleihen und Immobilien packt. Man nimmt also das Geld, das man anlegen will, und verteilt es zu gleichen Teilen auf verschiedene Anlageklassen. Man spricht hier auch von heuristischen Portfolios[20], die im Gegensatz zu den ausgefeilten mathematischen Methoden der Wirtschaftswissenschaften extrem einfach sind. Kurioserweise ist wissenschaftlich nicht klar, ob diese Portfolios, was Risiko und Rendite angeht, wirklich schlechter abschneiden als die komplizierten mathematischen Konstruktionen beispielsweise der Portfoliotheorie nach Markowitz. Das sieht offenbar auch ein prominenter Ökonom so, dem nachgesagt wird, dass er sein Portfolio als 1:n-Portfolio gestaltet hat: Harry Markowitz.

Auf einen Blick – Portfolio

Die Portfoliotheorie beschäftigt sich damit, wie man sein Vermögen auf verschiedene Anlageklassen (Aktien, Anleihen, Immobilien etc.) verteilen soll. Dabei kann man, um das Risiko zu reduzieren, negativ korrelierte Werte in ein Portfolio packen, also Werte, die sich gegensätzlich entwickeln. Den Erfolg eines Portfolios misst man über einen Vergleich mit anderen Portfolios oder Marktindizes. Dabei kann der Portfoliomanager unterschiedliche Investmentstile verfolgen, je nachdem, ob er mehr Wert auf Ertrag (also mehr Risiko) oder Sicherheit (also weniger Ertrag) legt.

5.4 Chaos, Zufall und schwarze Schwäne

Stellen Sie sich vor, Sie beobachten einen Betrunkenen auf dem Weg nach Hause: Er wird nicht schnurstracks auf sein Ziel zugehen, sondern schwanken, im Zickzack laufen und Bogen und Schlenker machen. So in etwa müssen Sie sich die Kurse von Aktien, Anleihen und anderen Investments an der Börse vorstellen: im Zickzack, schwankend, erratisch und (scheinbar?) ohne Ziel. Bei unserem Betrunkenen können wir eine Richtung erkennen, wenn wir wissen, wo er wohnt und dass er auf dem Nachhauseweg ist. Wüssten Sie das nicht, wäre es Ihnen ein Rätsel, wohin die Schnapsdrossel will. Und genau das ist der Fall bei Börsenkursen: Sie schwanken hin und her, ohne erkennbares Ziel.

Der Weg des Betrunkenen aus der Kneipe beschreibt das, was Statistiker einen „Random Walk" nennen, eine Zufallsbewegung ohne erkennbare Richtung. Und wenn Börsenkurse dem Gesetz des Random Walk folgen, sich also wie Betrunkene auf dem Heimweg verhalten, hat das Folgen für das Verhalten der Börsenkurse, für die Anlagestrategie der Portfoliomanager und für Investmentchancen und -strategien: Wer gegen den Zufall antritt, muss wissen, wie er funktioniert.

Wenn man den Zufall beschreiben müsste, wäre dieser wohl eine Kurve in Glockenform. An den äußeren Enden ist diese Kurve flach, dann steigt sie von beiden Seiten in einem Bogen stark an und nähert sich von beiden Seiten zur Mitte einem Gipfel. Diese Glockenkurve nennt sich auch Gauß'sche Normalverteilung und beschreibt die Wahrscheinlichkeiten für zufällige Ereignisse. Ganz links ist die Kurve sehr flach (das ist der Rand der Glocke), was aussagt, dass die Wahrscheinlichkeit für Ereignisse ganz links von der Mitte (die den Durchschnitt darstellt) recht gering ist. Je weiter man nun entlang der Kurve nach rechts wandert, umso größer wird die Wahrscheinlichkeit für Ereignisse, die dort liegen, bis zum Höhepunkt der Kurve – Ereignisse, die dort liegen, kommen am häufigsten vor (das ist der Durchschnitt, denn durchschnittliche Werte kommen am häufigsten vor). Wandern wir weiter nach rechts, flacht die Kurve wieder ab, was bedeutet, dass Ereignisse umso unwahrscheinlicher sind, je weiter rechts sie von der Spitze der Kurve weg liegen. Ganz rechts außen liegen ebenfalls Ereignisse, die am wenigsten wahrscheinlich sind.

Dazu ein Beispiel: Stellen Sie sich vor, Sie reihen alle Deutschen gemäß ihrer Körpergröße auf – Sie fangen mit dem kleinsten Deutschen an, dann der zweitkleinste, und so weiter, und ganz rechts steht der größte Deutsche. Sie würden Folgendes feststellen: Nur 0,3 Prozent der Deutschen sind kleiner als 1,50 Meter, sodass diese Menschen nur eine kleine Gruppe ausmachen. Dann kommen diejenigen, die zwischen 1,50 und 1,59 groß sind, das sind 7,1 Prozent. Das ist schon eine größere Gruppe. Noch mehr sind diejenigen, die zwischen 1,60 und 1,69 groß sind, das sind knapp 32 Prozent. Die meisten Deutschen finden Sie in der Gruppe von 1,70 bis 1,79 Zentimeter, das sind 36 Prozent. 21 Prozent sind zwischen 1,80 und 1,89 Zentimeter groß, 3,6 Prozent zwischen 1,90 und 1,99 Zentimeter, und nur 0,2 Prozent der Deutschen sind größer als zwei Meter. Die Prozentzahlen der Personen in den jeweiligen Größenklassen entsprechen in etwa einer Normalverteilung: Ganz links – bei den Kleinsten – nur wenige Personen, und je größer die Personen werden (je weiter wir nach rechts gehen), umso mehr von ihnen gibt es. Auf dem Gipfel der Glockenkurve ist der statistische Durchschnitt – die meisten Deutschen sind zwischen 1,70 und 1,79 Zentimeter groß. Danach werden es wieder weniger Personen je Größenklasse, je weiter man sich nach rechts bewegt. An den äußeren Rändern – ganz kleine und ganz große Menschen – gibt es also nur wenige Fälle, und je weiter man sich in die Mitte, hin zum Durchschnitt vorbewegt, umso mehr Fälle gibt es. Die Spitze der Kurve repräsentiert den Durchschnitt, hier finden sich die meisten Fälle.[21]

Viele Phänomene unterliegen dieser Normalverteilung: ganz wenige Fälle an den äußeren Rändern, und umso mehr Fälle, je mehr man sich zur Mitte hinbewegt. Die Größe von

Lebewesen, Gewicht, Brustumfang – generell sind viele biologische Größen normalverteilt. Was uns zu den Börsenkursen bringt. Wir reihen nun die Veränderung der Kurse entsprechend ihrer Größe von links nach rechts auf – ganz links dramatische Kurseinbrüche von 30 oder 20 Prozent, ganz rechts überschäumende Kursgewinne von ebenfalls 20, 30 Prozent. Je weiter wir von ganz links nach rechts wandern, umso geringer werden die Kursverluste, bis sie irgendwann zu kleinen Kursgewinnen werden, die dann, je weiter wir nach rechts wandern, immer größer werden. Wenn die Veränderung von Börsenkursen normal verteilt sind, bedeutet das, dass ganz links und rechts nur wenige Werte zu finden sind, wie bei den Körpergrößen gibt es nur wenige Tage, an denen Börsenkurse dramatisch fallen oder steigen, an den meisten Tagen hingegen verändern sich die Kurse nur um wenige Prozentpunkte nach oben und nach unten. Wenn Sie so wollen, ist die Börse wie eine ruhige See, an den meisten Tagen herrscht schönes Wetter (wir befinden uns in der Mitte der Glockenkurve), die Kurse schwanken nur wenig, nur an einigen wenigen Tagen kommt Sturm auf und die Kurse zappeln wild umher und verändern sich in dramatischen Höhen (will heißen: wir befinden uns an den äußeren Rändern der Kurve).

Wenn das so ist – wenn die Veränderung von Aktienkursen und anderen Börsenpreisen normal verteilt ist –, lässt es sich recht bequem über diesen See segeln, denn an den meisten Tagen ist es ruhig und die Kurse schwanken kaum. Je größer eine Kursschwankung wird, umso unwahrscheinlicher wird sie, und ganz dramatische Kursschwankungen sind fast extrem unwahrscheinlich, man kann also recht beruhigt investieren. Aber entspricht das den Tatsachen? Kritiker sagen nein und verweisen darauf, dass überdurchschnittliche große Kursveränderungen häufiger vorkommen, als das bei einer Normalverteilung der Fall sein dürfte. Konkret: Große Kursveränderungen sind 2000-mal wahrscheinlicher, als es im Falle der Normalverteilung sein dürfte; normalverteilte Börsenkurse dürften solche extremen Kursereignisse nur alle 7000 Jahre zulassen, tatsächlich finden sie alle drei oder vier Jahre statt. Das ist in etwa so, als würde es in der deutschen Bevölkerung 5 bis 10 Prozent Zwerge und Riesen geben. Mit anderen Worten, wir segeln nicht auf einer See, die alle Jubeljahre einmal etwas stürmisch wird, sondern auf einem unberechenbaren, des Öfteren wild tosenden, unfreundlichen Meer.[22]

Wenn das so stimmt, hat dies verheerende Folgen für die Finanzmarkttheorie und -praxis, da viele Modelle zur Bestimmung von Börsenkursen und -werten, viele Risikoanalysen, viele Prognosemethoden auf der Annahme beruhen, dass Börsenkurse normalverteilt sind – also die Glockenkurve gilt. Und in den Köpfen vieler Marktteilnehmer spukt – vielleicht oft unbewusst – diese Vorstellung herum. Der Mathematiker Benoit Mandelbrot hat sich dieser Idee gewidmet und kommt zu ein paar unangenehmen Schussfolgerungen, was die herkömmliche Praxis und die weitverbreiteten Ideen an den Kapitalmärkten angeht:

- Extreme Ereignisse, bei denen die Preissprünge zehnmal größer sind als die typischen kleinen, durchschnittlichen Preisänderungen, sind viel wahrscheinlicher, als wir denken. Laut Normalverteilung sollte die Wahrscheinlichkeit solcher Ereignisse bei etwa eins zu einer Million Million Million Million liegen. Das passt beispielsweise nicht zu der Erfahrung des Kurssturzes von 1987, der mehr als zwanzigmal so groß war wie eine durchschnittliche Preisänderung.
- Die klassische Theorie behandelt solche extremen Ereignisse oft als „Kursausreißer“ und Spezialfälle und blendet sie bei der Analyse der Märkte aus (ja, genau, man ignoriert sie einfach). Das könnte ein schwerer Fehler sein, vielleicht muss man gerade bei solchen Ereignissen näher hinschauen. Wenn die Kurse an einem Tag um 10 Prozent fallen, sollte man das ernst nehmen und nicht als zufälliges und damit unwichtiges Ereignis ignorieren.
- Börsenkurse bewegen sich nicht glatt, gemütlich und vorsichtig, nein, sie springen wild umher. Sie entwickeln sich

also nicht langsam und vorhersehbar, sondern verändern sich in kurzen Zeiträumen dramatisch, sie springen wild, statt zu gleiten.

- Kursschwankungen sind nicht gleichmäßig über die Zeit verteilt, sondern ballen sich um wenige Zeitabschnitte. In den 1980er-Jahren konnte man beispielsweise 40 Prozent der Gewinne im S&P-Börsenindex innerhalb von zehn Tagen, also in 0,5 Prozent der Zeit, machen. Das bedeutet, dass es beim Investieren auf wenige Tage ankommt, an denen man investiert sein muss (die aber leider niemand vorhersagen kann).
- Märkte sind riskanter, als wir annehmen. Ruinöse Kursbewegungen sind deutlich häufiger und machen Finanzmärkte gefährlicher, als wir denken. Nach dem Standardmodell der Finanzwissenschaft liegt die Wahrscheinlichkeit eines Ruins bei eins zu zehn Milliarden Milliarden, bei heftiger schwankenden Kursen steigt diese Wahrscheinlichkeit auf eins zu zehn bis eins zu dreißig.

Unter dem Strich bedeutet das Aufgeben der Annahme der Normalverteilung, dass an den Finanzmärkten das pure Chaos herrscht, sodass es erstens unmöglich ist, exakte Prognosen zu machen, und man zweitens seine Risikovorsorge (der Fachmann sagt dazu Risikomanagement) überdenken und besser auf solche Extremereignisse ausrichten muss. Mit anderen Worten, unsere Boote sind nicht ausreichend geschützt gegen die schweren Stürme, die uns drohen.

Zu diesen Überlegungen passt eine weitere Idee, die man kennen muss, wenn man verstehen will, wie Kapitalmärkte funktionieren: die Idee des schwarzen Schwans. Als schwarzen Schwan bezeichnet man extrem seltene und unvorhersehbare Ereignisse, die außerhalb der Erwartungen liegen und enorme Auswirkungen auf ihre Umwelt haben. Lange Jahre glaubten die Menschen der westlichen Welt, dass es nur weiße Schwäne gibt – bis man in Australien schwarze Schwäne entdeckte. So in etwa kann man sich die Idee des schwarzen Schwans vorstellen. Bis ein

Ereignis eintritt, wusste man nicht, dass es eintreten kann, und wird davon völlig überrascht.[23] Hinzu kommt eine menschliche Schwäche, der sogenannte Rückschaufehler. Im Nachhinein denken wir immer, „es gewusst zu haben“, weil im Nachhinein die Fakten auf dem Tisch liegen und man weiß, was warum passiert ist – dann erscheint diese Entwicklung „ganz logisch“.[24] Das führt dazu, dass man die Welt und ihre Risiken für beherrschbar hält, weil man das Unglück hat kommen sehen – respektive glaubt, dass man es hat kommen sehen. Ein schönes Beispiel für die Risiken, die man an Finanzmärkten erwarten kann, ist der Truthahn: Er wird jeden Tag gefüttert, es geht ihm gut – warum sollte sich das ändern? Und dann kommt das Erntedankfest.

Auf einen Blick – Chaos und Zufall

Die herkömmliche Finanzmarkttheorie geht davon aus, dass Kursschwankungen normalverteilt sind, dass also große Kursbewegungen nur extrem selten vorkommen. Allerdings gibt es empirische Hinweise darauf, dass dies nicht stimmt: Die Kurse schwanken wild, extreme Kursereignisse kommen häufig vor und die Kurse springen oft stark innerhalb weniger Tage. Das alles macht Finanzmärkte gefährlicher, als wir denken. Angesichts solcher Überlegungen muss man fragen, ob das Risikomanagement vieler Marktteilnehmer ausreichend ist und ob nicht viele Finanzmarkttheorien überarbeitet werden müssen.

5.5 Kapitalmarktprognosen, effiziente Märkte und Börsengurus

Im vorherigen Kapitel haben wir diskutiert, was passiert, wenn man unterstellt, dass der Zufall Kapitalmärkte regiert. Stimmt das, dann wären Kapitalmarktprognosen nicht möglich, denn den Zufall kann man nicht vorhersagen. Stimmt das denn mit dem Zufall? Schließlich ergibt sich der Börsenkurs einer Aktie beispielsweise aus der Geschäftspolitik und den Geschäftsaussichten des betreffenden Unternehmens, und die kann man doch prognostizieren, oder? Das ist grundsätzlich richtig, aber die Ereignisse, die den Erfolg eines Unternehmens beeinflussen – Unfälle, Unwetter, politische Ereignisse, schlechte Entscheidungen des Managements, Fusionen, Großaufträge, Gewinnsprünge, wichtige Personal- und Produktentscheidungen und vieles mehr – das alles sind mehr oder weniger zufällige Ereignisse, die sich schwer prognostizieren lassen. Und lassen Sie sich nicht von dem Eindruck täuschen, dass manche Ereignisse rückschauend betrachtet ganz logisch erscheinen und damit vorhersehbar sind – dieser Eindruck entsteht dadurch, dass man im Rückspiegel erkennt, welche Faktoren wichtig waren und zu den Geschehnissen beigetragen haben. Hinterher ist es logisch, warum dies oder das passiert ist – weil man alle Zusammenhänge kennt. Dieses Gefühl der „logischen" Entwicklung hat man nicht, wenn man in die Zukunft schaut, weil man dann nicht weiß, welche der Millionen Fakten wichtig sind oder nicht – das weiß man erst im Nachhinein.

Kommen Börsenkurse also rein zufällig zustande? Diese Frage wird unter dem Stichwort „Kapitalmarkteffizienz" diskutiert. Die Hypothese der Effizienz von Kapitalmärkten besagt, dass in den Börsenkursen bereits alle verfügbaren Informationen stecken. Sobald eine neue Information über ein Wertpapier bekannt wird, reagieren die Marktteilnehmer darauf. Sie kaufen oder verkaufen – weswegen diese Information sofort im Preis des Wertpapiers enthalten ist, sie wird „eingepreist", wie man sagt. Erfährt jemand etwas Neues über ein Unternehmen, so kauft oder verkauft er sofort die betreffende Aktie, und damit wandert diese Neuigkeit sofort in den Börsenkurs und wird eingepreist. Die Kurse an den Finanzmärkten passen sich sofort an Neuigkeiten an.

Wenn das so ist, bedeutet das, dass Börsenkurse in der Tat zufallsgesteuert sind, dann kann man diese auch nicht vorhersagen, weil man dazu ja wissen müsste, welche Neuigkeiten denn in den kommenden Tagen, Wochen oder Monaten kommen – das kann man aber nicht wissen, weil diese eben zufällig sind. Wer diese Idee für richtig hält, versucht, keine Prognosen zu machen, sondern investiert passiv.

Ein passiver Investor ist jemand, der nicht versucht, durch gezielte Prognose von Einzeltiteln oder Märkten besser zu sein als der Markt, also der entsprechende Börsenindex, weil er nicht glaubt, dass er den Zufall vorhersehen kann. Also richtet er sein Portfolio an einem Börsenindex aus und kauft genau die Werte, die in dem betreffenden Index enthalten sind. Man nennt solche Produkte Indexfonds oder passive Investments (eine spezielle, mittlerweile populäre Spielart dieser Fonds sind sogenannte Exchange Traded Funds (ETF), die an der Börse gehandelt werden). „Passiv" deswegen, weil man nicht aktiv nach guten, herausragenden Werten sucht, sondern einfach das macht, was der Börsenindex macht. Die Alternative zu diesem Investmentstil ist die aktive Anlagestrategie, bei der ein Portfoliomanager gezielt, aktiv, nach vielversprechenden Werten sucht, in die er investiert. Sein Ziel ist es, besser als der Vergleichsindex abzuschneiden. Für welche Strategie man sich entscheidet, ist eine Frage des Glaubens.

Für passive Produkte spricht: Es gibt keine Nachweise dafür, dass manche Investoren systematisch und dauerhaft besser als der Vergleichsmarkt abschneiden. Außerdem müssen aktive Investoren Zeit und Mühen aufbringen, was entsprechend teuer ist. Und selbst, wenn manche Investoren immer wieder den Markt schlagen – das kann auch nur zufällig sein, bei so vielen, die jeden Tag investieren, verwundert es nicht, dass der ein oder andere besser als der Gesamtmarkt liegt. Spötter verweisen auf den berühmten Affen, den man Dartpfeile auf den Kursteil einer Finanzzeitung werfen lässt, dann investiert man die Werte, bei denen der Pfeil gelandet ist (mit den Pfeilen soll der Zufall simuliert werden). Die Redakteure des Wall Street Journals jedenfalls haben das gemacht, bei 100 Versuchen lagen die pfeilwerfenden Redakteure (Affen waren dann doch zu unpraktisch) in 39 Fällen vor den Investmentprofis. Und Simulationen von Wissenschaftlern zeigen, dass der Zufall in vielen Fällen der bessere Anlageberater ist.

Verfechter der aktiven Strategie hingegen weisen darauf hin, dass die Kursschwankungen an Aktienmärkten wesentlich größer sind, als man es bei effizienten Märkten erwarten sollte.

Das bedeutet, die Kurse der Aktien sind bisweilen zu hoch oder zu niedrig (weil sie so stark schwanken). Wenn man herausfindet, welche Aktien sich gerade von ihrem „richtigen“ Wert entfernt haben (was auch immer der richtige Wert sein mag), so kann man Aktienkurse bis zu einem gewissen Grad vorhersagen. Und in der Tat zeigen neuere Forschungen, dass sich die Kurse von Wertpapieren langfristig besser vorhersagen lassen als kurzfristig – was bedeutet, dass man auf lange Frist mit Vorhersagen etwas erreichen kann.

Welche der beiden Strategien der Stein der Weisen ist, ist ungeklärt, vermutlich haben sie beide ihre Berechtigung. Grundsätzlich unterscheidet man an den Finanzmärkten folgende Arten von Prognosestrategien:

- Da gibt es zum einen die fundamental orientierten Investoren, die Unternehmensbilanzen lesen, Märkte analysieren und hoffen, auf diesem Weg unter den vielen Anlagemöglichkeiten die besten herauszupicken. Das ist die sogenannte Fundamentalanalyse.
- Zum anderen gibt es sogenannte quantitative Investoren, die so viele Zahlen wie möglich sammeln, sie durch einen mathematischen Fleischwolf drehen und dann anhand historischer Zeitreihen und Zusammenhänge investieren. Das ist die quantitative Analyse.
- Eine besondere Spezies sind die sogenannten Technischen Analysten, die ebenfalls aus Kursbewegungen der Vergangenheit, oft durch eine Analyse der Kursverläufe der Aktien, auf zukünftige Börsenkurse schließen.

Lassen Sie uns diesen Gedanken etwas vertiefen. Kann man aus vergangenen Kursverläufen oder Datenreihen Rückschlüsse darauf gewinnen, wie es in der Zukunft weitergeht? Vereinfacht gesagt können Sie sich das so vorstellen: Sie fahren mit einem Auto, dessen Frontscheibe so verdreckt sind, dass Sie nichts sehen können. Also lenken Sie, indem Sie in den Rückspiegel schauen und hoffen, dass der künftige Weg genauso verläuft wie im Rückspiegel. Man schließt also aus Daten der

Vergangenheit auf die Zukunft. Solange die vor Ihnen liegende Straße sich nicht abrupt ändert, kann das funktionieren, aber sobald eine scharfe Kurve kommt, ist Schluss mit lustig. Vereinfacht gesagt, solange alles so bleibt, wie es ist, kann man in einem begrenzten Ausmaß die Zukunft vorhersagen und erkennen, dass alles so bleibt, wie es ist, wenn alles so bleibt, wie es ist.

Vielleicht geht es auch einfacher. Zum Schluss dieses Kapitels wollen wir uns die sogenannten Börsengurus anschauen, die ihrem Publikum erklären wollen, wo die Reise an den Kapitalmärkten hingeht. Wissen die es wirklich? Vielleicht wird man auch anders zum Guru? Hier ein paar Tipps, wie man zum Börsenguru wird:

- Machen Sie möglichst viele Prognosen, eine davon wird schon eintreffen, und über die reden Sie dann. Ihre anderen Fehlprognosen kehren Sie elegant unter den Teppich. Diese Methode nennt sich der „mexikanische Scharfschütze": Man schießt erst auf eine Wand und malt anschließend eine Zielscheibe um die Einschusslöcher.
- Wenn Sie einmal eine richtige Vorhersage gemacht haben, haben Sie fast schon gewonnen, Sie müssen nur Ihren Ruhm breit streuen. Wer einmal richtiggelegen hat, wird in den Augen vieler Menschen schon zum Börsenguru, auch wenn dieser Erfolg erstens zufällig passiert ist und zweitens einmalig ist. Kombinieren Sie das mit dem „mexikanischen Scharfschützen".
- Wiederholen Sie Ihre Prognose immer wieder – irgendwann wird sie schon eintreffen. Warnen Sie vor dem Crash, irgendwann wird ein Crash kommen, und dann sind Sie der Star, weil Sie es gewusst haben (auch wenn Anleger, die auf Sie gehört haben und deswegen nicht investiert waren, in der Zeit bis zum Crash eine Menge Gewinne verpasst haben). Diese Strategie nennt sich „kaputte Uhr" – auch eine kaputte Uhr geht zweimal am Tag richtig, und irgendwann ist jede Prognose einmal richtig.

- Seien Sie möglichst unpräzise, nebulös. Wenn irgendetwas passiert (und auf Kapitalmärkten passiert immer irgendetwas), verweisen Sie auf Ihre Prognose und dass Sie ja genau das damit gemeint hätten. Man könnte das als Nostradamus-Methode bezeichnen, Hellseher arbeiten gern so.
- Falls Sie schiefliegen, schieben Sie es auf Ihre Prognose: Gerade Ihre Prognose der Krise habe dazu geführt, dass der Staat, die Märkte, die Mainzelmännchen oder wer auch immer reagiert hätten und damit die Krise abgewendet wurde. Es war also Ihre Prognose, die zur Rettung der Welt beigetragen hat. Damit können Sie sogar eine Fehlprognose zu einem Triumph umgestalten.

Was lernen wir aus diesen Ratschlägen? Misstrauen Sie jedem, der sich als Guru aufspielt, es besser weiß und die Zukunft kennt. Stellen Sie immer eine Frage: Wenn jemand wirklich die Zukunft vorhersagen kann, warum muss er dann immer noch seine Prognosen verkaufen?

Auf einen Blick – Effiziente Märkte

Die Theorie der effizienten Märkte besagt, dass die Börsenkurse alle für sie relevanten Informationen bereits enthalten, weil jede neue Information sofort dazu führt, dass jemand diese Information nutzt, um die Wertpapiere zu kaufen oder verkaufen und damit die Preise entsprechend zu beeinflussen. Wenn diese Idee richtig ist, ist es kaum möglich, Börsenkurse vorherzusagen, weil diese dann nur durch zufällige Ereignisse beeinflusst werden. In diesem Fall sollte man passiv investieren, also nicht aktiv Einzelwerte suchen, sondern sich einfach an einem Index orientieren. Die gegensätzliche Strategie ist das sogenannte aktive Investieren, bei dem man gezielt Einzelwerte heraussucht, um einen Ertrag zu erwirtschaften, der besser als der Index ist.

5.6 Psychologie und Kapitalmärkte

Muss man etwas über Psychologie wissen, wenn man sich mit Kapitalmärkten beschäftigt? Durchaus. Psychologische Mechanismen könnten rechtfertigen, dass Kapitalmärkte nicht immer effizient sind. Und psychologische Mechanismen können auch den Investmenterfolg eines Anlegers beeinträchtigen. Damit ist aber nicht gemeint, dass Menschen sich irrational verhalten, wie es oft den Medien beschrieben wird. Die Disziplin der Verhaltensökonomie, speziell der Verhaltensökonomie auf Finanzmärkten (sogenannte Behavioral Finance), beschäftigt sich damit, wie Menschen entscheiden und welche Folgen dieses Entscheidungsverhalten haben kann. Dabei zeigt sich auch, dass vor allem die Erwartungen der Marktteilnehmer dazu führen, dass Märkte oft stark schwanken und turbulent sind. Dieses Forschungsgebiet ist zu groß, als dass man es auf einigen wenigen Seiten angemessen darstellen kann, aber ein paar Ideen dazu werden hier vorgestellt – sie könnten recht hilfreich sein.

Eine der Kernideen der Verhaltensökonomie besteht darin, dass Menschen mentale Abkürzungen nehmen, sogenannte Heuristiken. Anstatt bei jeder Entscheidung Für und Wider genau durchzukalkulieren, abzuwägen und aufzurechnen, greift man zu einer einfachen Faustregel (einer Heuristik). Statt beispielsweise beim Kauf eines Waschmittels Preise, Leistung, Marke und alles andere stundenlang gegeneinander abzuwägen, um dann eine Kaufentscheidung zu treffen, nimmt man das Waschmittel mit dem günstigsten Preis oder die vertraute Marke oder das ganz unten (oder oben) im Regal. Statt sich also die Mühe zu machen, sorgfältig alle Aspekte gegeneinander abzuwägen und aufzurechnen, entscheidet man anhand einer einfachen Regel.

Das ist grundsätzlich keine falsche Strategie, sondern oft sehr effizient, aber sie kann unter Umständen auch danebengehen. Schauen wir uns einmal ein paar Beispiele an:

- Verankerung. Wenn wir eine Zahl schätzen müssen und haben keinen Anhaltspunkt, orientieren wir uns an der nächstbesten Zahl, die uns vorgesetzt wird, egal, wie wichtig diese für die zu schätzende Zahl ist. Wenn Ihnen ein Analyst sagt, dass eine Aktie im Wert von 100 Euro bald 1000 Euro wert sein wird, obwohl diese Schätzung komplett unsinnig ist, besteht die Gefahr, dass Sie diesen (unsinnigen) Schätzwert zu ernst nehmen, weil sich Ihre Schätzung, wie viel diese Aktie wert ist, unbewusst an diesen 1000 Euro orientiert (die 1000 Euro fungieren als Anker). Sie schätzen den Wert der Aktie dann zu hoch ein.

- Mentale Konten. Wir neigen dazu, unsere Finanzen in verschiedenen Konten zu ordnen: ein Konto für das laufende Einkommen, eins für die Altersvorsorge, eins für Kleingeld und so weiter. Leider fällt es uns schwer, Geld zwischen den einzelnen Konten hin- und herzuschieben. Das kann dazu führen, dass wir auf dem (mentalen) Altersvorsorgekonto Geld liegen haben, das sich mit zwei Prozent verzinst, während wir gleichzeitig für den Überziehungskredit auf dem Girokonto vier Prozent Verzugszinsen zahlen. Aber weil das Altersvorsorgekonto der Altersvorsorge dient, zögern wir, das Geld von diesem Konto abzuziehen und damit den Überziehungskredit zu begleichen.
- Repräsentativität. Wenn wir gefragt werden, ob ein scheuer, zurückgezogener Mensch mit Liebe zum Detail eher Bibliothekar oder Landwirt ist, werden wir, ohne zu zögern, vermuten, dass er Bibliothekar ist, weil die Personenbeschreibung einfach auf einen typischen Bibliothekar deutet, also repräsentativ für einen Bibliothekar ist. Wir beurteilen also Ereignisse, Gegenstände oder Personen danach, wie repräsentativ sie für etwas sind. Auf Kapitalmärkte übertragen bedeutet das, dass wir wiederkehrende Muster, die wir in den Kursen von Wertpapieren finden, als nicht repräsentativ für den Zufall empfinden – sie müssen etwas bedeuten, können nicht zufällig entstanden sein. Wir glauben an Muster an den Kapitalmärkten und betreiben beispielsweise Technische Analyse, die diese (vermeintlichen) Muster analysiert und versucht, mit dieser Analyse Geld zu verdienen.
- Home Bias. Anleger tendieren dazu, zu viele Aktien aus ihrem Heimatland zu kaufen, einfach deswegen, weil sie sich

mit diesen Werten besser auskennen (oder glauben, sich damit besser auszukennen). Aus portfoliotechnischer Sicht ist das unklug, weil man zu wenig diversifiziert ist (lesen Sie zur Diversifikation noch einmal Kapitel 5.3).

Ein weiterer Befund der Verhaltensökonomie ist der sogenannte Dispositionseffekt: Menschen scheuen Verluste mehr, als sie Gewinne mögen, also tun sie alles, um Verluste zu vermeiden. Das kann dazu führen, dass man Gewinneraktien zu früh verkauft – weil man die Gewinne realisieren will – und Verliereraktien zu lange hält, weil man die Verluste vermeiden will, die mit einem Verkauf verbunden wären. Verhaltensökononen attestieren Menschen auch das, was man vornehm „Überoptimismus" nennt. Zu gut Deutsch: Menschen trauen sich zu viel zu, überschätzen ihre Fähigkeiten. Studien zeigen, dass Anleger zu häufig Aktien kaufen und verkaufen und damit die Rendite ihrer Investments systematisch reduzieren – sie würden mehr verdienen, wenn sie weniger häufig ihre Aktien kaufen oder verkaufen würden (an der Börse scheint der Überoptimismus übrigens bei Männern ausgeprägter zu sein als bei Frauen).

Ein letztes Beispiel ist das sogenannte Herding: Anleger tendieren dazu, mit der breiten Masse mitzuschwimmen – wenn die Kurse steigen, kaufen sie, wenn die Kurse fallen, verkaufen sie, obwohl es in solchen Situationen bisweilen klug sein kann, gegen den Strom zu schwimmen (das nennt sich antizyklisches Handeln), nämlich dann, wenn man vermutet, dass die Märkte überreagieren und sich nach einem Kurssturz wieder erholen werden.

Die Liste solcher psychologischen Effekte ist lang, und nicht alle Effekte und Erkenntnisse sind unumstritten – wen das interessiert, der sei auf entsprechende einführende Literatur verwiesen. Aber vor allem der letzte Punkt – das Herding – wird uns im nächsten Kapitel noch beschäftigen.

Auf einen Blick – Psychologie und Kapitalmärkte

An den Kapitalmärkten spielen auch psychologische Faktoren eine Rolle: Menschen haben eine falsche Vorstellung vom Zufall, überschätzen ihre Fähigkeiten als Investoren, haben zu große Angst vor Verlusten und verwenden oft mentale Abkürzungen, die dazu führen können, dass sie schlecht entscheiden. Die weitverbreitete Vorstellung, wonach Menschen sich Psychologen zufolge irrational verhalten, ist so allerdings zu einfach. Man sollte die Intelligenz der Menschen nicht überschätzen, aber auch nicht unterschätzen.

---

6. Welche Probleme haben Kapitalmärkte?

6.1 Kapitalmarktkrisen: Das Drehbuch

Es gibt kein einheitliches Drehbuch für Kapitalmarktkrisen, aber einige Gemeinsamkeiten. In diesem Kapitel wollen wir uns das typische Drehbuch für eine spekulative Übertreibung an der Börse anschauen – ohne Anspruch auf Allgemeingültigkeit. Dabei laufen solche Übertreibungen oft in vier Phasen ab.

In Phase 1 baut sich die spekulative Blase auf: Technologische Innovationen wie Bahn, Radio, Internet, erneuerbare Energien oder Finanzmarktinnovationen schaffen eine positive Aufbruchsstimmung. Das können auch andere Ereignisse sein wie eine Deregulierung durch die Politik (neue Eigenkapitalregeln für Banken, Steuersenkungen, Preisfreigaben) oder politische wie ein Regierungswechsel oder ein Kriegsende. Das Ergebnis ist das, was Ökonomen einen „positiven Schock" nennen. Optimismus zieht in die Wirtschaft ein, das gibt Anlass zu mehr Investitionen oder mehr Konsum, die Wirtschaft boomt. Wichtig ist dabei, dass dahinter eine plausible Geschichte steht, die diesen Optimismus rechtfertigt und befeuert. In den späten 1990er-Jahren war das beispielsweise die Idee der New Economy, die eine schöne neue Internetwelt verhieß, in der alles neu und besser sein wird. Die Folge dieses Optimismus sind steigende Vermögenspreise, weil Anleger diesen Optimismus zum Anlass nehmen, an der Börse zu investieren. Zudem beflügelt das positive Klima an der Börse ohnehin die Kurse.

Dann kommt Phase 2: Die steigenden Vermögenspreise locken weitere Investoren in den Markt, das wiederum treibt die Preise nach oben. Je weiter die Preise steigen, umso mehr Investoren werden angelockt. In der Börsensprache nennt sich das „Die Hausse nährt die Hausse"[25]. Wer sieht, wie sein Nachbar mit seinen Investments immer reicher wird, steigt irgendwann ebenfalls ein und treibt damit weiter die Kurse. Verstärkt wird diese Rückkopplung oft durch die Medien, die von Kursgewinnen, Gewinnchancen und risikolosem Reichtum berichten – wer kann da widerstehen? Der Fachmann nennt das „prozyklische Berichterstattung".[26] Besonders schlimm wird es, wenn die Marktteilnehmer „naive Erwartungen" haben: Sie glauben, dass auf steigende Kurse weiter steigende Kurse folgen – wenn es gestern so war, warum soll es morgen anders sein? „The sky is the limit", nur der Himmel stoppt die Kurse, heißt es dann. Die Folge: Die Kurse steigen weiter.

Jetzt kommt Phase 3: Dem Markt wird immer mehr Liquidität zugeführt, also Geld, mit dem man weiter kaufen kann. Das kann über mehrere Wege passieren:

- Man reduziert seinen Konsum, kauft also Aktien statt ein neues Fahrrad.
- Man verkauft andere Vermögenswerte, um mehr Wertpapiere zu kaufen; beispielsweise verkauft man alte Erbstücke, um mit dem Erlös weiter zu spekulieren.
- Ein Teil des zusätzlichen Geldes kommt von ausländischen Investoren, die entdecken, dass im Inland die Kurse steigen, und bei diesem Anstieg dabei sein wollen.
- Der wichtigste Verbündete aber ist die Notenbank, wenn sie die Geldversorgung erhöht. Je mehr sie die Geldmenge erhöht, umso mehr Mittel stehen zur Verfügung, um die Kurse weiter nach oben zu treiben.

Am Ende dieses Prozesses steht das, was man eine „spekulative Blase" nennt: Die Kurse sind aufgebläht, die Wertpapiere überbewertet, die Stimmung wird immer wilder, immer aufschäumender.

Dann kommt Phase 4: Da die Kurse entgegen der naiven Erwartungen nicht in den Himmel wachsen, dreht sich das Ganze irgendwann um. Oftmals kommen äußere Einflüsse hinzu:

- Die Notenbank befürchtet Inflation und schaltet auf restriktive Geldpolitik um, reduziert also die Geldzufuhr. Allein die Ankündigung eines solchen Verhaltens kann dazu führen, dass erste Marktteilnehmer ihre Papiere verkaufen, da sie fallende Kurse befürchten.

- Auch hier können externe Ereignisse, also negative Schocks (wie beispielsweise Terroranschläge) den Optimismus abwürgen und zu einer negativen Stimmung führen.
- Es können auch fehlgeschlagene Investitionen sein, die mit dem (zu) billigen Geld finanziert wurden – das Ende der Internetblase des Jahres 2000 wurde durch erste Pleiten der einst vielversprechenden Internetunternehmen eingeleitet.

Die Folge dieser Entwicklungen: Die Kurse fangen an, zu sinken. Und jetzt kommt es dicke. Da jeder erwartet, dass die Kurse weiter fallen, verkauft auch jeder, was die Kurse weiter abstürzen lässt und weitere Verkäufe nach sich zieht. Und schon trudelt man in einer Spirale aus sinkenden Kursen und sich verschlechternden Erwartungen dem Börsencrash entgegen. Die betreffenden Vermögensobjekte (Aktien oder andere Wertpapiere) werden zum Schwarzen Peter. Je eher man sie los wird, umso besser – aber keiner will sie mehr kaufen, was den Kursrutsch weiter beschleunigt. Dabei kann es eine ganze Weile dauern, bis der Markt einen Boden findet und sich wieder erholt – zum Leidwesen der Anleger, die in diesem Crash ihr Geld verloren haben.

Die Folgen eines solchen Crashs können schmerzhaft sein:

- Die wirtschaftliche Tätigkeit des Landes bricht ein, es kommt zu Produktionseinbrüchen und Arbeitslosigkeit.
- Es werden viele Papiervermögen vernichtet, also Reichtümer, die nur auf dem Papier gestanden haben. Steigen Ihre Aktien um 100 Euro und fallen anschließend wieder um 100 Euro – haben Sie dann einen Verlust gemacht? Das ist Ansichtssache. Auf alle Fälle aber werden Vermögen umverteilt von denjenigen, die zu spät gekauft haben, zu denjenigen, die rechtzeitig noch mit Gewinn verkauft haben.
- Es kommt zur Vernichtung von realen Vermögen, wenn durch das billige Geld Investitionen finanziert wurden, die sich eigentlich nicht rentieren (denken Sie an die Ausführungen in Kapitel 2.1) und die im Zuge des Kursrutsches wertlos werden. Ein Beispiel: In der Internetblase des Jah-

res 2000 wurden mithilfe der Börse Unternehmen finanziert, die sich rasch als unrentabel erwiesen und deswegen pleitegingen. Diese Unternehmen hatten mit dem Geld der Anleger Computer und Büromöbel gekauft, Menschen arbeiten lassen, Software programmiert, und vieles davon hat sich als wertlos herausgestellt. Zu billiges Geld führt dazu, dass reale Werte vernichtet werden, weil mit diesem billigen Geld Schindluder getrieben wird.

- Die politischen Folgen eines solchen Einbruchs hängen von dessen Schwere ab: Werden Vermögen einer breiten Bevölkerungsschicht vernichtet, so kann das zu einer Radikalisierung breiter Bürgerschichten führen.

Bleibt noch eine letzte Frage: Gibt es Lerneffekte? Passiert so etwas nur einmal? Offenbar nicht, wie die Geschichte der Börse zeigt. Man gewinnt den fatalen Eindruck, dass spätestens nach einer Generation alles vergessen ist und die nächste Blase Gelegenheit kriegt, sich aufzupumpen. Und so lauten die teuersten Worte an der Börse: Diesmal ist es anders.

Auf einen Blick – Drehbuch Kapitalmarktkrisen

Spekulative Blasen entstehen in vier Phasen: In der ersten Phase beflügeln externe positive Ereignisse wie technischer Fortschritt oder politische Ereignisse die Fantasie der Anleger, machen sie optimistischer und laden sie dazu ein, zu investieren. In der zweiten Phase locken die steigenden Wertpapierkurse weitere Anleger an, wodurch die Preise weiteren Auftrieb erhalten. In Phase 3 kommt zusätzliche Liquidität auf den Markt – beispielsweise durch Notenbanken oder das Ausland –, die den Kursen weiter Auftrieb gibt. In der vierten Phase lassen externe Schocks die Blase platzen, negative Erwartungen führen zu fallenden Kursen, die zu weiteren Verkäufen führen. Die gesamtwirtschaftlichen Folgen solcher geplatzten Blasen können massiv sein.

6.2 Der große Crash 1929

Als Mutter aller modernen Finanzmarktkrisen gilt der Börsencrash von 1929, in dessen Folge die Weltwirtschaftskrise Volkswirtschaften weltweit verwüstete. Es beginnt am Donnerstag, dem 24. Oktober 1929, als ab 10.15 Uhr eine Lawine von Verkaufsaufträgen die Kapazitäten der Börsenticker sprengte und die goldenen 1920er-Jahre beendete. Die Frankfurter Zeitung berichtet von einem völlig funktionsunfähigen Markt, in dem jede Minute Verluste brachte. Da die Nachricht von diesem Kurssturz Europa erst am folgenden Freitag erreichte, spricht man dort vom Schwarzen Freitag. Es sollte der Beginn eines drei Jahre andauernden Kursrutsches sein, bei dem die amerikanischen Börsenindizes 90 Prozent ihres Wertes verloren.

Vorausgegangen war ein goldenes Jahrzehnt (Phase 1 aus dem vorherigen Kapitel), in dem Innovationen wie die Massenfertigung von Autos, Flugzeugen, Radios, Rundfunk und Tonfilm der amerikanischen Wirtschaft Produktivitätssteigerungen, stabile Preise und geringe Arbeitslosigkeit brachte – die goldenen Zwanziger eben. Schaut man aber genauer hin, so zeichneten sich bereits zu Beginn das Jahres deutliche Abschwächungstendenzen in der amerikanischen Wirtschaft ab: Produktionseinbrüche im Bergbau, bei der Eisen- und Stahlproduktion, in der Eisenbahnbranche und bei den Autobauern, fallende Auftragseingänge und eine sinkende Zahl der Bauanträge deuteten darauf hin, dass die amerikanische Wirtschaft an Fahrt verliert. Unpassend dazu nahm eine spekulative Blase an der Börse Fahrt auf, als steigende Kurse immer neue Anleger an die Börse lockten (das ist die zweite Phase einer solchen Blase, die Sie im vorherigen Kapitel kennengelernt haben), welche die Kurse immer weiter anschoben. Sogenannte Investment-Trusts und zahlreiche Privatanleger spekulierten auf Kredit, sie liehen sich Geld, um Aktien zu kaufen – mit fatalen Folgen, wie wir sehen werden. Während also der Motor der amerikanischen Wirtschaft ins Stottern kam, lief die Börse auf vollen Touren. Die Aktien waren massiv überbewertet, doch niemand hegte Zweifel an diesem Boom, gab es doch die plausible Geschichte vom technischen Fortschritt (das kennen Sie aus Phase 1 aus dem vorherigen Kapitel), der die Unternehmensgewinne treiben werde. Die Formulierung der Neuen Ökonomie, der New Economy, stammt aus dieser Zeit – rund 70 Jahre später sollte sie wieder verwendet werden, um die Kursaufschwünge der Internetaktien zu rechtfertigen. So viel zum Thema „Lernen aus der Geschichte".

Das Ende wurde unter anderem von der amerikanischen Notenbank eingeleitet, als diese die Zinsen anhob (siehe Phase 4 aus dem vorherigen Kapitel). Der Kursrutsch führte dazu, dass die Amerikaner Teile ihres Vermögens (manche ihr gesamtes Vermögen) verloren, worauf sie mit einer Einschränkung des Konsums reagierten. Die Investitionen sanken, die Nachfrage ebenfalls. Es begann ein Teufelskreis aus sinkender Nachfrage, Überkapazitäten, Arbeitslosigkeit, sinkenden Preisen und Überschuldung, der direkt in der Weltwirtschaftskrise mündete. Besonders bitter wurde es für die Marktteilnehmer, die ihre Aktien auf Kredit gekauft hatten – statt auf satten Gewinnen saßen sie nun auf riesigen Verlusten, weshalb sie ihre Kredite nicht mehr zurückzahlen konnten. Die Folge waren Bankenpleiten – in den ersten vier Jahren nach dem Kurssturz brachen rund 40 Prozent der amerikanischen Banken zusammen, was dazu führte, dass die überlebenden Banken bei der Kreditvergabe vorsichtiger wurden, was die amerikanische Wirtschaft weiter abwürgte.

Bis dahin ist das die übliche Geschichte einer spekulativen Blase, wie man sie in den Jahrhunderten schon ein paar Mal erlebt hat – angefangen mit der holländischen Tulpenzwiebelspekulation des 17. Jahrhunderts, als in Holland im Tulpenwahn Tulpen zum Wert eines Hauses gehandelt wurden. Doch was die Weltwirtschaftskrise so besonders macht, ist das Wort „Welt" darin – die Krise in den Vereinigten Staaten sprang über auf den Rest der Welt. Das lag zum einen an den Handelsbeziehungen der Amerikaner zum Rest der Welt: Die nachlassende Nachfrage der Amerikaner führte zu einem Rückgang der amerikanischen Nachfrage im Ausland, was das Ausland schwächte, zudem zogen die Amerikaner ihre Gelder aus dem Ausland ab, was sich vor allem für Deutschland, das mit den Geldern der Amerikaner seine Reparationszahlungen bezahlte, negativ auswirkte. Begünstigt wurde die Krisenübertragung durch das damalige Wechselkurssystem, den sogenannten Goldstandard, der de facto ein Festkurssystem darstellte.

Das ist jetzt eine recht kurze Zusammenfassung der Ereignisse, die nicht darüber hinwegtäuschen darf, dass das ganze Geschehen recht komplex war – bis heute gelten die Ursachen und Zusammenhänge der Krise unter Ökonomen nicht als völlig geklärt. Eine Rolle spielte sicher die Notenbank, die die Wirtschaft zuerst mit viel Geld versorgte und dann die Zügel wieder anzog, aber auch die Reaktion der Regierungen – ein strikter Sparkurs – hat eine Rolle gespielt. Die Weltwirtschaftskrise war die Geburtsstunde dessen, was Ökonomen „Makroökonomik“ nennen, die Idee, ökonomische Zusammenhänge auf großer Ebene zu untersuchen. Bis dahin hat die Wirtschaftswissenschaft keinen Unterschied gemacht zwischen einem Haushalt, der sich verschuldet, und einem Staat, der sich verschuldet. Unter dem Eindruck der Weltwirtschaftskrise entwickelte der Ökonom John Maynard Keynes die Idee der antizyklischen Fiskalpolitik (Deficit Spending), bei der der Staat in Krisensituationen die Ausgaben erhöht, um die Wirtschaft zu stützen.

70 Jahre später findet man bemerkenswerte Parallelen zwischen dem Kurssturz 1929 und der sogenannten Dotcom-Blase, als die Verheißungen des Internets, eine zweite New Economy, eine neue Kursblase hervorbrachte, die nach einem ähnlichen Muster verlief. Viel Geld, das die Notenbanken in Umlauf bringen, eine plausible Geschichte (das Internet verändert alles), hysterische Anleger, die auf den fahrenden Zug aufspringen, und ähnlich wie 1929 Börsenbetrug, verbotene Insidergeschäfte, geschönte Prognosen, Kursmanipulation als Beiwerk. Im Unterschied zu 1929 allerdings entlud sich die Überbewertung der Technologie-Aktien nicht in einem lauten Knall, hier wurde eher schleichend die Luft abgelassen.

Eine Lehre kann man noch von diesen Crashs mitnehmen, indem man auf das achtet, was Profis „Dienstmädchenhausse“

nennen: Wenn plötzlich Bekannte, die nie etwas mit Aktien zu tun hatten, an der Börse spekulieren, wenn – wie in der Dotcom-Blase geschehen – Lehrer, Handwerker, Studenten, Sozialarbeiter oder wer auch immer ihren Job aufgeben, um mit Aktien reich zu werden, wird es Zeit, auszusteigen. 1929 waren das Schuhputzer oder eben Dienstmädchen, die mit Aktien spekulierten, aber auch hier gilt: Das ist der Anfang vom Ende. Wenn wirklich jeder, der Geld hat, an der Börse eingestiegen ist, dann kann niemand Weiteres mehr hinzustoßen, es kann kein frisches Geld mehr kommen, die Kurse können also kaum noch weiter steigen. Ab hier wird es immer wahrscheinlicher, dass die Kurse den Rückwärtsgang einlegen.

Auf einen Blick – Börsencrash 1929

Der große Börsenkrach 1929 und die Dotcom-Blase des Jahres 2000 weisen viele Ähnlichkeiten auf: getrieben von billigem Geld, getragen von einer plausiblen Geschichte über den technischen Fortschritt, der alles besser macht, garniert mit kreditgetriebener Spekulation und Börsenschwindeleien. Die Folgen solcher Blasen für die Wirtschaft können massiv sein: ein konjunktureller Abschwung, die Vernichtung von Produktivkapital und Arbeitslosigkeit. An der Börse wird zum Ausstieg nicht geklingelt, aber wenn Schuhputzer, Dienstmädchen oder andere normalerweise aktienfremde Menschen anfangen, Aktien zu kaufen, wird es Zeit, über einen Ausstieg nachzudenken.

6.3 Flash-Crashs und dicke Finger

Von einem Flash Crash spricht man, wenn die Kurse an einem Markt – oder die Kurse einzelner Wertpapiere – innerhalb weniger Minuten dramatisch abstürzen, sich aber auch innerhalb kurzer Zeit wieder erholen. Beispiele dafür gibt es genug:

- Am 19. Oktober 1987 verlor der amerikanische Dow-Jones-Index an einem Tag mehr als 22 Prozent.
- Am 6. Mai 2010 sank der S&P 500-Index in sechs Minuten um rund sechs Prozent, nach 20 Minuten war der Spuk vorbei. Der Dow-Jones-Index gab zeitweise sogar mehr als neun Prozent nach.

- Am 7. Oktober 2016 fiel das Britische Pfund gegenüber dem Dollar an den asiatischen Devisenmärkten innerhalb weniger Minuten um bis zu zehn Prozent; auch hier erholte sich der Kurs anschließend rasch.
- Im September 2021 erwischte es mit einem Minus von 15 Prozent die digitale Kunstwährung Bitcoin, die ins Trudeln geriet, nachdem El Salvador als erstes Land der Welt Bitcoin als offizielles Zahlungsmittel zugelassen hatte.

Die Liste solcher Beispiele ließe sich beliebig fortsetzen, und sie zeigt etwas, was wir in Kapitel 4 diskutiert haben: An den Kapitalmärkten geht es turbulenter zu, als es die Annahme von normalverteilten Kursen zulassen würde. Der Kursrutsch des Jahre 1987 dürfte nach Berechnungen der Investmentbank Goldman Sachs nur alle 2,9 Billionen Jahre auftreten, wenn die Kursbewegungen wirklich normalverteilt wären. Solche Zahlen wecken zumindest Zweifel.

Die Ursachen solcher Crash sind zumeist unklar, es kommen mehrere Verdächtige infrage:

- Oft dürften fundamentale Gründe zumindest eine Rolle spielen, also wirtschaftliche Entwicklungen, die Anlass zur Sorge geben, Gerüchte um Firmenpleiten, politisch relevante Ereignisse oder andere Dinge, welche die Kurse treiben.
- Als Verdächtige werden immer wieder Computer ausgemacht, die automatisch verkaufen, wenn die Kurse ins Rutschen geraten. Das sind sogenannte Stop-loss-Orders: Um höhere Verluste zu vermeiden, legt man einen Wert fest, bei dem man ein Wertpapier verkauft, sobald dieser Wert unterschritten wird; das geschieht oft automatisch. Und je mehr Stopp-loss-Orders ausgelöst werden, umso weiter fallen die Kurse, was zwangsläufig weitere Stopp-loss-Orders auslöst.
- Nervosität, Herdentrieb und Panik spielen sicher ebenfalls eine Rolle – wenn alle verkaufen, will man dann der Einzige sein, der untätig bleibt? Die anderen werden schon einen Grund haben, warum sie verkaufen.

- Große Kursbewegungen sind umso wahrscheinlicher, je höher die Kursschwankungen des betreffenden Wertpapiers ohnehin sind. So überraschen hohe Kursschwankungen bei einem Investment wie Bitcoin nicht sonderlich, große Bewegungen sind dort an der Tagesordnung.
- Große Kursschwankungen gibt es auch in illiquiden Märkten mit wenig Umsatz (siehe Kapitel 2.2).
- Auch betrügerische Strategien werden hinter Flash Crashs vermutet. Das funktioniert beispielsweise wie folgt: Zuerst gibt man viele Verkaufsaufträge ins System, die man anschließend sofort widerruft (storniert). Die Verkaufsaufträge führen zu einem künstlichen Kursverfall, und wenn die Kurse dann gesunken sind, kauft man und wartet, bis sich die Kurse erholt haben, um dann mit Gewinn zu verkaufen. Auch hier spielen automatische Handelssysteme und Computer eine wichtige Rolle.

Natürlich kann es nicht im Sinne der Marktgemeinschaft und der Investoren sein, dass die Kurse schwanken wie ein Seemann nach einer Woche Landurlaub, also gibt es verschiedene Gegenmaßnahmen, beispielsweise sogenannte Circuit Breaker, wonach der Handel mit Werten ausgesetzt wird, sobald sie sich innerhalb eines bestimmten Zeitraums zu sehr von ihrem Vortageswert entfernt haben – sozusagen eine Panikbremse. Zusätzlich kann man festlegen, dass alle Transaktionen ungültig erklärt werden, die im Zuge des Flash Crash gemacht wurden; wurde beispielsweise eine Aktie zu 50 Prozent unter dem Vortageswert verkauft, wird dieses Geschäft rückabgewickelt.

Fehlt noch ein letzter Grund für einen Flash Crash: dicke Finger. Im Englischen spricht man vom „Fat Finger"-Fehler. Gemeint ist damit schlichtweg, dass ein Händler bei der Eingabe eines Auftrages eine falsche Zahl in die Tastatur eingegeben hat – ein Zahlendreher, ein paar Nullen zu viel, im hektischen Börsengeschäft geht das rasch. Oder man verwechselt die Eingabefelder und gibt die Wertpapierkennnummer dort ein, wo man die Anzahl der zu handelnden Aktien einträgt. Im Oktober 2002 verkaufte ein Händler Wertpapiere im Volumen von vier Milliarden Dollar – eigentlich sollten es nur vier Millionen sein. Das brachte dem Dow-Jones-Index ein zeitweiliges Minus von mehr als zwei Prozent ein. Solche Fehler können zu einem sogenannten Mistrade führen, der unter Beachtung bestimmter Fristen rückabgewickelt werden kann.

Auf einen Blick – Flash Crash

Von einem Flash Crash spricht man, wenn die Kurse eines Wertpapiers oder eines Marktes innerhalb von Minuten abstürzen und sich danach relativ rasch wieder erholen. Die Ursachen sind oftmals nicht vollständig geklärt, eine Rolle spielen dabei sicherlich Absicherungsgeschäfte der Marktteilnehmer, die sich vor fallenden Kursen schützen wollen, automatisierte Handelssysteme oder Marktmanipulationen. Oder schlichtweg menschliche Fehler. Eine Vorsichtsmaßnahme gegen solche Ereignisse sind sogenannte Circuit Breaker, als eine Unterbrechung des Handelsgeschehens, wenn die Kurse zu dramatisch fallen.

6.4 Währungskrisen

Währungskrisen sind schwer verständlich, was zumeist daran liegt, dass uns das intuitive Verständnis für das Wesen von Wechselkursen fehlt. Eigentlich muss man sich nur Folgendes merken: Der Wechselkurs ist ein Preis, und wenn eine Währung nicht gefragt ist oder in Massen verkauft wird, sinkt der Preis dieser Währung, das nennt sich dann „Abwertung". Eine Abwertung kann unangenehme Folgen haben.

Die meisten Währungskrisen entstehen dadurch, dass die Regierung den Wechselkurs ihrer Währung fixiert, um die heimische Währung gegenüber dem Dollar im Wert konstant zu halten. Eine Abwertung der eigenen Währung verteuert nämlich die Importe (man muss für die gleiche Menge an Dollar, mit der man amerikanische Waren einkauft, mehr inländische Währung hinlegen) oder aber man will eine Aufwertung verhindern, weil das die heimischen Exporte für das Ausland teurer macht (die Amerikaner müssen dann mehr Dollars hinlegen, um unsere Währung zu kaufen und bei uns einkaufen zu können). Oft spielen auch politische Motive eine Rolle. Offenbar sehen viele Politiker im Wechselkurs ein Symbol nationalen Stolzes – ein besonders albernes Argument für die Fixierung eines Wechselkurses.

Nehmen wir an, wir fixieren den Wechselkurs unserer Währung. Doch leider ändern sich die Dinge, und so passiert Folgendes: Bei uns im Inland steigen aufgrund der Politik die Preise (es kommt also zu Inflation). Das bedeutet, dass für uns Inländer die inländischen Waren immer teurer werden. Deswegen kaufen wir nun lieber im Ausland ein. Und da der Wechselkurs von der Regierung konstant gehalten wird, können wir das risikolos tun. Die Folge: Wir verkaufen die inländische Währung und kaufen den Dollar, die Nachfrage nach Dollar steigt, das Angebot an unserer Währung steigt ebenfalls. Normalerweise müsste also der Preis des Dollar steigen und der Preis unserer Währung sinken (sie müsste also abwerten), doch die Regierung hat ja den Wechselkurs fixiert. Das hat zur Folge, dass alle Inländer fröhlich im Ausland einkaufen, dazu gehen sie zur inländischen Zentralbank und tauschen dort die Inlandswährung gegen Dollar. Oft senkt das Inland dann noch die Zinsen, sodass viele Investoren ihr Geld lieber im Ausland anlegen – auch sie gehen zur inländischen Notenbank und tauschen die inländische Währung in Dollar. Alles rennt zur Zentralbank und will Dollar, bietet dafür die inländische Währung an.

Doch die Dollarreserven der Zentralbank sind endlich, irgendwann gehen ihr die Dollars aus, und im Ausland ist niemand bereit, die inländische Währung noch zum alten Wechselkurs umzutauschen. Jetzt wissen Sie, warum in den Medien oft über die Devisenreserven eines Landes gesprochen wird: Gehen dem Land die Devisenreserven aus, kann es erstens den Wechselkurs nicht mehr verteidigen und zweitens können die Bürger nichts mehr im Ausland einkaufen, weil das ausländische Geld fehlt. Und das Ausland akzeptiert die inländische Währung nur zu einem deutlich schlechteren Kurs, was bedeutet, dass Importe deutlich teurer werden (Sie müssen nun deutlich mehr in inländischer Währung für den Dollar und damit für ausländische Güter zahlen).

Ist klar, dass die Devisen des Inlandes nicht mehr lange reichen, beginnt die Massenflucht aus dieser Währung – jeder will sich retten, weil er weiß, die Währung wird abwerten, also weniger wert sein. Vor allem Ausländer ziehen ihr Kapital ab, der inländischen Wirtschaft bricht eine Finanzierungsquelle weg, was die Wirtschaft auf Talfahrt schickt. Das beschleunigt den Prozess, und am Ende muss die heimische Notenbank aufgeben und den Wechselkurs freigeben, es kommt zu einer drastischen, schlagartigen Abwertung. Fertig ist die Währungskrise.

Die schockartige Abwertung hat im Inland unangenehme Folgen. Importe werden teurer – vor allem ein Problem, wenn man viele Rohstoffe wie Öl importieren muss –, und wenn das Inland Schulden in ausländischen Währungen aufgenommen hat, werden diese in inländischer Währung gerechnet immer teurer (siehe Kapitel 3), das kann bis hin zu einer Staatspleite reichen.

Garniert werden solche Krisen gern mit einer Krise des heimischen Bankensektors: Die schockartige Abwertung verschlechtert das Wirtschaftsklima, Unternehmen kommen in Schwierigkeiten (vor allem, wenn sie Kredite in ausländischer Währung aufgenommen haben), auch Banken geraten ins Wanken, wenn die Unternehmen ihre Kredite nicht mehr zurückzahlen können (oft haben sie zu leichtsinnig Kredite vergeben), die Banken beginnen, aus Vorsicht ihre Kreditvergabe zu reduzieren, was zu einem weiteren Rückgang der Wirtschaftstätigkeit führt. Zumeist gehen auch die Börsenkurse und Immobilienpreise auf Talfahrt, was dazu führt, dass die Banken noch mehr in Schwierigkeiten geraten, wenn sie Kredite vergeben haben, die mit Aktien oder Immobilien besichert sind. In der Summe ein recht unappetitliches Gebräu.

Am Anfang solcher Krisen steht in der Regel eine Regierung, die den Wechselkurs fixiert, den Preis der inländischen Währung. Eigentlich sagt einem der gesunde Menschenverstand, dass das nicht gut gehen kann, denn Preise ändern sich, wenn sich die Umstände ändern. Wer seinen Wechselkurs fixieren will, muss im Inland eine Politik betreiben, die sich diesem Ziel unterordnet, man muss also jegliche Politik vermeiden, die den Wechselkurs von dem Wert entfernt, den man als Zielwert fixiert hat. Im Klartext: Wenn die Regierung zu viele Schulden aufnimmt, zu viel Geld druckt, die Preise im Inland zu stark steigen, muss man mit einer Währungskrise rechnen.

Auf einen Blick – Währungskrisen

Währungskrisen entstehen vor allem dann, wenn die Regierung den Wert der inländischen Währung fixiert und sich die inländische Wirtschaft anschließend so entwickelt, dass dieses Wechselkursziel nicht mehr gehalten werden kann. Steigen im Inland die Preise zu stark, kaufen die Inländer im Ausland ein (weil es dort billiger ist) und setzen so die inländische Währung unter Druck. Sinken die Zinsen in Inland zusätzlich zu sehr, setzt das die inländische Währung weiter unter Druck. Die Bürger verkaufen die inländische Währung für Dollar, und der einzige Ort, an dem sie das zum fixierten Wechselkurs tun können, ist die inländische Notenbank. Doch der Notenbank gehen irgendwann die Dollars (also die Devisenreserven) aus, und dann ist eine zumeist schockartige Abwertung die Folge. Oft werden solche Währungskrisen begleitet von einem Absturz der heimischen Wirtschaft, einer Banken- und Börsenkrise.

6.5 Die amerikanische Immobilienkrise

Das Jahr 2008 sieht eine der schwersten Wirtschaftskrisen der Neuzeit – Grund genug, sie einmal zu besichtigen, zumal diese Krise ein paar Züge aufweist, die neu sind im Drehbuch der Wirtschafts- und Finanzkrisen. Es beginnt eigentlich schon im Jahr 2000, als die Notenbanken der Welt, vor allem die amerikanische Notenbank Fed, die Zinsen niedrig halten und der Welt reichlich Geld spendieren – nicht zuletzt auch auf Druck der Politik. Ein Jahrzehnt des billigen Geldes führt dazu, dass die Banken immer mehr Kredite vergeben. Andere hingegen leiden unter den Niedrigzinsen, nämlich institutionelle Investoren wie Versicherungen oder Pensionskassen, die nur noch niedrige Erträge erwirtschaften können und sich deswegen nach Alternativen umsehen müssen.

Dank des billigen Geldes boomte die amerikanische Wirtschaft, die Zinsen waren niedrig, das Geld reichlich, die Banken gaben großzügig Kredit. Und hier beginnt das Drama. Immer häufiger vergaben Banken Kredite zum Kauf von Häusern, was ein risikoloses Geschäft schien, schließlich waren die Kredite durch die Häuser besichert – wenn der Kreditnehmer den Kredit nicht mehr zurückzahlen kann, hat die Bank das Haus als Sicherheit. Und das schien eine gute Sicherheit zu sein, schließlich stiegen die Häuserpreise beständig. Also kein Risiko, oder?

Die Banken jedenfalls sahen das so und vergaben zunehmend Kredite an Kunden, die kein Eigenkapital hatten, schließlich war der Kredit wie gesagt durch das Haus gesichert. In der Spitze gab es sogenannte Ninja-Loans, Ninja-Kredite, was für no job, no income, no asset steht – kein Job, kein Einkommen, kein Vermögen. Eigentlich kann eine Bank aufgrund der Bankenregulierung (denken Sie an die Eigenkapitalvorschriften, die wir in Kapitel 2 kennengelernt haben) nur eine begrenzte Menge an Krediten vergeben – aber warum soll man sich dieses gute Geschäft entgehen lassen?

Also brauchte man eine Idee, wie man mehr Kredite vergeben kann, ohne mit den gesetzlichen Vorschriften in Konflikt zu geraten, die den Banken vorschreiben, wie viel (teures) Eigenkapital sie vorhalten müssen, wenn sie Kredite vergeben. Die Lösung für dieses Problem lautete Verbriefung. Eine Verbriefung macht nicht handelbare Kredite handelbar, indem sie diese Kredite in ein Wertpapier verpackt, das an der Börse verkauft werden kann. Die Bank nimmt einen Schwung Kredite, die sie an Hauskäufer vergeben hat, packt sie in ein Wertpapier und verkauft dieses Wertpapier an institutionelle Investoren wie Versicherungen oder Pensionsfonds, die aufgrund der niedrigen Zinsen auf der Suche nach rentierlichen Wertpapieren waren. Dadurch verschwanden die Kredite aus der Bilanz der Banken.

Das hatte Folgen: Durch den Verkauf dieser Kredite erhielten die Banken neues Geld, das sie zur Vergabe neuer Kredite nutzen konnten. Zugleich wurden die Banken bei der Kreditvergabe sorgloser, weil sie wussten, dass sie diese Kredite rasch in ein Wertpapier verpacken und weiterverkaufen würden. Früher hätte die Bank diese Kredite bis zur Endfälligkeit in ihrer Bilanz gehalten und hätte dementsprechend Eigenkapital vorhalten und Risikovorsorge treffen müssen. Jetzt konnten die Banken sorglos ihre Kreditvergabe ausweiten – kein Wunder, dass es zu Ninja-Loans kam. Zudem verdienten die Banken an der Verpackung und dem Weiterverkauf der Kredite nochmals gut. Das Problem dabei war allerdings, dass diese Kredite – die nun in Wertpapiere verpackt und verkauft wurden – nicht mehr von Banken gehalten wurden, die der staatlichen Bankenaufsicht und -regulierung unterliegen. Stattdessen waren de facto Investoren wie Versicherungen die Kreditgeber, man spricht hier auch von Schattenbanken – Institutionen, die rechtlich gesehen keine Banken waren, tätigten letztlich Bankgeschäfte.

Es fehlt noch eine Zutat zur Katastrophe: Viele institutionelle Investoren wie Versicherer oder Pensionskassen dürfen per Gesetz nur in sehr sichere Anlagen investieren, was ihren Anlagehorizont deutlich einschränkt. Also suchten sie verzweifelt nach Alternativen zu den niedrigen Zinsen, die aber sicher genug waren, um vor dem Auge des Gesetzgebers zu bestehen. Denken Sie an Kapitel 5.1: Eigentlich geht das nicht, mehr Rendite bedeutet immer mehr Risiko, das diese Investoren eigentlich nicht eingehen durften.

Auftritt Produktzauberer der Banken, sie lösten das Problem mit der Technik der Strukturierung. Dazu wurden zuerst viele Kredite in ein Wertpapier gepackt. Dann unterteilt man das Wertpapier in verschiedene sogenannte Tranchen (sagen wir drei Tranchen), eine unterste (sehr riskante) Tranche, eine mittlere (riskante) und eine obere (nicht riskante) Tranche. Und jetzt der Clou: Wenn nun der erste Kredit aus diesem Wertpapier ausfiel (der Kreditnehmer den Kredit also nicht zurückzahlen konnte), wurde dieser Verlust nur der untersten Tranche angerechnet, die Käufer der mittleren und der obersten Tranche merkten davon nichts. Nehmen wir an, es stecken 900 Kredite insgesamt in dem Wertpapier, jeweils 300 in jeder Tranche. Dann werden die ersten 300 Kreditausfälle allesamt den Käufern der untersten Tranche angerechnet, sie verlieren ihr gesamtes Geld; die Inhaber der beiden anderen Tranchen sind davon nicht betroffen. Die nächsten 300 Kreditausfälle gehen dann voll zulasten der Käufer der mittleren Tranche, und erst, wenn Kredit Nummer 601 ausfällt, merken die Käufer der obersten Tranche überhaupt, dass es ein Problem gibt. Aber warum sollte jemand die unterste Tranche kaufen? Ganz einfach, weil man ihm eine bessere Verzinsung der untersten Tranche versprach, die oberste Tranche wurde dementsprechend geringer verzinst, warf also weniger Rendite ab. Da ist es wieder: mehr Rendite, mehr Risiko.

Die oberste Tranche schien also bombensicher – es mussten erst sehr, sehr viele Kredite ausfallen, bevor dort Verluste entstehen. Damit war dies das ideale Investment für die institutionellen Investoren, die auf der Suche nach risikoloser Rendite waren. Damit lagen immer mehr Kredite in den Händen von Finanzinstitutionen, die keine Banken waren, also Schattenbanken.

Mit Banken, die immer mehr Kredite vergeben, und verbrieften Krediten, die in strukturierte Produkte verpackt wurden, war der Boden bereitet. Nun beginnt das Drama: Die Immobilienpreise in den Vereinigten Staaten gehen auf Talfahrt, und die Immobilien, die als Besicherung für die Kredite dienten, wurden als Sicherheiten praktisch wertlos, die Kredite platzten. Die Banken verbuchten große Verluste, mussten viel Geld abschreiben, verloren Eigenkapital, kamen in Schieflage. Das hatte Folgen für die strukturierten Wertpapiere. Der Markt für diese Papiere brach zusammen, niemand wollte sie mehr kaufen, weil man weitere Kreditausfälle befürchtete. Dazu mussten gar nicht einmal so viele Kredite ausfallen, allein die Angst davor reichte, dass die Investoren diese Papiere mieden. Da aber diese Papiere niemand mehr kaufen wollte, fiel ihr Wert ins Bodenlose, Schattenbanken und Banken, die diese Papiere in ihren Bilanzen hatten, verbuchten satte Verluste.

Ein weiterer Umstand verschärfte das Ganze. Viele Banken hatten ihre Kredite über sogenannte Zweckgesellschaften (auch Conduits genannt) verkauft, das sind eigene Rechtseinheiten, die keine Banken sind, aber von den Banken betrieben wurden. Diese Zweckgesellschaften verkauften die verbrieften Kredite, welche die Bank vergeben hatte, an die Versicherungen und andere Investoren. Dabei hatten viele Banken einen entscheidenden Fehler gemacht. Sie hatten den Zweckgesellschaften Kreditlinien eingeräumt – und als die Zweckgesellschaften in Not gerieten und die Käufer der Papiere diese an die Zweckgesellschaften zurückgaben (was sie dummerweise konnten, das war zuvor vereinbart worden), brauchten die Zweckgesellschaften Geld, das ihnen die Banken zur Verfügung stellen mussten. Das belastete die Banken zusätzlich.

Weltweit bekamen immer mehr Banken ähnliche Probleme, was dazu führte, dass sich die Banken untereinander nicht mehr vertrauten und sich gegenseitig kein Geld mehr liehen, und als der amerikanische Staat die Investmentbank Lehman Brothers im September 2008 pleitegehen ließ, musste man damit rechnen, dass der Staat nicht als Bankenretter einspringt. Die Kreditvergabe der Banken untereinander brach mehr oder weniger zusammen. Schließlich bekamen auch die Bankkunden Angst um ihr Geld und fürchteten einen Bankzusammenbruch; immer mehr Kunden zogen ihre Einlagen bei Banken ab, Bank Runs drohten. Die Banken mussten ihre Kreditvergabe reduzieren, was die Unternehmen in Finanzierungsschwierigkeiten brachte, sodass sie Investitionen zurückstellten oder sogar illiquide wurden. Sinkende Investitionen und Angstsparen führten die Wirtschaft in einen Abschwung. Fertig war die Krise.

Keine Frage, die Banken haben viele Fehler gemacht, sie haben Regulierungslücken genutzt und ihr Risikomanagement hat versagt. Doch ein zweiter Blick auf diese Krise zeigt, dass der Staat auch beteiligt war. Er hat sich nicht nur über staatliche und halbstaatliche Banken an diesem Spiel beteiligt, er hat die Kreditvergabe zur Eigenheimförderung aus politischen Motiven gefördert und der Bankenregulierung zu wenig Aufmerksamkeit geschenkt. Dabei darf man nicht außer Acht lassen, dass die Bankenbranche eine der weltweit am stärksten regulierten Branchen ist – es hat nicht an Regulierung gemangelt, sie war nur schlecht.

Auf einen Blick – Die amerikanische Immoblilienkrise

Finanzinnovationen, regulatorische Lücken, eine zu laxe Geldpolitik und menschliche Schwächen sind die Ursachen der amerikanischen Immobilienkrise. Unser Drehbuch der Krise – Euphorie, Übertreibung – funktioniert auch hier weitgehend. Neu daran ist, dass Finanzinnovationen, mit denen man zu wenig Erfahrung hatte, zur Krise beitrugen und Regulierungsfehler gemacht wurden, welche die Krise begünstigten. Zudem zeigte sich die Anfälligkeit des Bankensystems durch die Verflechtung der Banken untereinander, was dazu führt, dass sich Krisen rasch über Ländergrenzen hinweg ausbreiten können.

6.6 Börsenverbrechen: Insider-Handel, Frontrunning und andere Betrügereien

Wo immer Menschen Geschäfte miteinander machen, ist leider auch Schmu, Betrug und Verbrechen nicht weit. An der Börse geht es um viel Geld, kein Wunder also, dass es auch hier viel Gaunereien zu bestaunen gibt. Schauen wir uns einmal die wichtigsten Betrugsmaschen an.

Da gibt es zum einen Unregelmäßigkeiten, die mehr oder weniger im Handelssaal der Börse passieren, Frontrunning, Insiderhandel und Kursmanipulation. Beim Frontrunning nutzt der Börsenhändler seine Position, um sich einen Vorsprung zu sicher. Will beispielsweise ein Kunde über ihn eine größere Position Aktien kaufen, so kauft der Händler diese Aktie zuerst auf eigene Rechnung für sich, weil er weiß, dass dieser große Kaufauftrag den Kurs der Aktie nach oben treiben wird. Erst dann wickelt er den Auftrag des Kunden ab, die Aktie steigt wie erwartet und der Händler sichert sich einen netten Profit. Eine ähnliche Form des Frontrunning funktioniert, indem ein Händler, Analyst oder Wertpapierberater erst eine Aktie kauft und diese dann seinen Kunden empfiehlt in der Hoffnung, dass seine Kaufempfehlung den Kurs der Aktie nach oben treiben wird.

In die gleiche Richtung geht das sogenannte Scalping. Hier versuchen Marktteilnehmer, Herausgeber von Börsenbriefen, Journalisten und andere Personen mit Reichweite in der Öffentlichkeit, den Kurs von Aktien hochzutreiben, die sie selbst besitzen. Bei dieser Strategie jubelt man vor allem Aktien kleiner Unternehmen hoch, die wenig liquide sind, also nur wenig an der Börse gehandelt werden (siehe Kapitel 2.2). Bei solchen sogenannten marktengen Werten genügen oft schon wenige Kaufaufträge, um den Kurs rasch steigen zu lassen, hier ist diese Strategie also besonders einfach und verspricht größere Erfolge. Auch bei sogenannten Pennystocks funktioniert diese Strategie gut, das sind Aktien, deren Kurs im Cent-Bereich liegt, das sind in der Regel kleine Unternehmen, deren Kurs man leicht beeinflussen kann (zum Zusammenhang zwischen Liquidität und Kursschwankungen siehe Kapitel 2.2). Zudem wirken Pennystocks billig, sodass man diese potenziellen Anlegern (will heißen: Opfern) leicht aufschwatzen kann.

Solche Betrugsversuche sind in der Regel einfach zu erkennen: Sie erhalten ungefragt E-Mails mit Aktientipps oder werden von wildfremden Menschen angerufen (das ist das sogenannte Cold Calling, was verboten ist), die ihnen heiße Aktien empfehlen von Unternehmen, die niemand kennt, die kein erkennbares Geschäftsmodell haben und über die es wenig Informationen gibt; zudem werden Sie unter Zeitdruck gesetzt („Sie müssen sich entscheiden, bevor die Chance vorbei ist“). Legen Sie einfach den Hörer auf.

In eine ähnliche Richtung geht der sogenannte Insiderhandel. Hier nutzt ein Akteur im Rahmen seines Jobs kursrelevante Informationen, die vermutlich den Kurs einer Aktie beeinflussen werden, die aber der Öffentlichkeit noch nicht bekannt sind. Erfährt beispielsweise ein Rechtsanwalt, Notar oder Wirtschaftsprüfer oder ein Mitglied eines Unternehmens (beispielsweise Vorstand oder Aufsichtsrat), dass das betreffende Unternehmen einen (wie auch immer definierten) Erfolg hat, der aber der Öffentlichkeit noch nicht bekannt ist, so kauft er die Aktie des Unternehmens, bevor diese Tatsache öffentlich wird und den Kurs der Aktie nach oben treibt (das funktioniert natürlich auch bei negativen Nachrichten, dazu kann man dann Derivate nutzen). Wer also im Rahmen seiner beruflichen Tätigkeit Informationen erhält, die den Kurs einer Aktie potenziell beeinflussen, ist ein Insider, und wer dieses Wissen an der Börse ausnutzt, bevor es der breiten Öffentlichkeit bekannt ist, begeht Insiderhandel (der, wie Sie sich denken können, verboten ist). Um das Risiko von Insiderhandel zu minimieren, müssen börsennotierte Unternehmen Insiderinformationen so rasch wie möglich veröffentlichen (das ist die sogenannte Ad-hoc-Publizität). Das soll das Risiko reduzieren, dass solche Informationen an Dritte weitergereicht werden. Darüber hinaus müssen Führungskräfte börsennotierter Unternehmen sogenannte Eigengeschäfte melden, also Geschäfte, bei denen sie mit der Aktie des eigenen Unternehmens handeln.

Nicht direkt an der Börse, aber sehr nahe daran passiert der nächste Schwindel, das sogenannte Churning. Damit bezeichnet man die Strategie von Vermögensverwaltern, das Depot des Kunden häufig umzuschichten – also über Gebühr Werte zu kaufen und zu verkaufen, dadurch hohe Umsätze zu machen, welche die Provision des Verwalters nach oben treiben (man könnte auch von Provisionsreiterei sprechen). Oder Ihr Anlageberater ruft Sie mehrmals die Woche an, um Sie zu überreden, Kaufaufträge zu geben, was seine Provision erhöht. Es ist nicht einfach, Churning nachzuweisen, da das Umschichten von Wertpapieren durchaus sinnvoll sein kann – wenn aber der Wert Ihres Depots trotz guter Börsenentwicklung sinkt, sollten Sie genauer hinschauen.

Eine Betrügerei auf der Unternehmensseite ist der sogenannte Prospekt- und Bilanzbetrug – das bedeutet schlichtweg, dass Unternehmen ihre Bilanz frisieren, um an der Börse besser dazustehen; im Falle des Prospektbetrugs fälscht man schon den Prospekt, mit dem man ein Investment den Anlegern schmackhaft machen will. Dass das verboten ist, braucht man wohl nicht extra zu betonen.

Eine weitere, aufwendigere Masche des Börsen- und Finanzbetrugs sind sogenannte Pyramidenschemas, die nach einem ihrer Väter, Charles Ponzi, Ponzi-Schemas genannt werden.[27] Zuletzt war es der amerikanische Finanzmakler Bernard Madoff, der mithilfe eines solchen Schemas ein riesiges Rad drehte. Im Englischen nennt man das auch „To rob Peter to pay Paul", also in etwa Peter ausnehmen, um Paul zu bezahlen. Das Ganze funktioniert in etwa so: Man verspricht Anlegern attraktive Gewinne, wenn sie ihr Geld anlegen – also geben Sie es dem Betrüger. Der investiert es aber nicht, sondern weist den Anlegern nur Gewinne auf dem Papier aus. Wollen einige Anleger ihre Gewinne ausbezahlt haben, zahlt der Betrüger ihnen diese aus – aber es sind keine echten Gewinne, sondern nur das bisher eingezahlte Geld aller Kunden. Der Betrüger finanziert die Auszahlungen an Kunden durch die Einzahlungen der neuen Kunden. Und je mehr Kunden ihr Geld einzahlen, umso mehr Geld kann der Betrüger an die anderen Kunden ausschütten. Der Haken dabei ist allerdings, dass dieses Schema eine ständig wachsende Zahl an Teilnehmern benötigt, weil aus den Einzahlungen der neuen Kunden die (angeblichen) Gewinne an die anderen Kunden finanziert werden. Sobald keine neuen Kunden mehr dazukommen, bricht das System zusammen.

Auf einen Blick – Börsenverbrechen

Wo viele Menschen und viel Geld sind, sind auch rasch Betrüger. Beim Frontrunning kauft ein Händler eine Aktie, bevor er den Auftrag für einen Kunden abwickelt, weil er hofft, dass der Kundenauftrag den Kurs der betreffenden Aktie in die Höhe treibt. Eine andere Masche besteht darin, den Kurs einer Aktie künstlich hochzutreiben, nachdem man sie gekauft hat, beispielsweise durch Empfehlungen in den Medien. Beim Churning schindet ein Vermögensverwalter oder -berater Gebühren, indem er den Anleger dazu bringt, zu häufig Papiere zu kaufen oder zu verkaufen. Wer kursrelevante Informationen über ein Unternehmen hat, die noch nicht der Öffentlichkeit bekannt sind, kann die Aktien des Unternehmens entsprechend kaufen oder verkaufen und begeht damit Insiderhandel. Unternehmen täuschen Anleger, indem sie Bilanzen oder Wertpapierverkaufsprospekte fälschen. Bei Pyramidensystemen nimmt der Betrüger die Gelder der Anleger und schüttet sie als Gewinne aus, anstatt sie zu investieren; dadurch täuscht er nicht vorhandene Gewinne vor, die weitere Anleger anlocken, deren Gelder er als vermeintliche Gewinne ausschütten kann.

6.7 Aufsichtsbehörden und Anlegerschutz

Wo so viel Geld und so viel Betrugsmöglichkeiten lauern, braucht es den Gesetzgeber, der versucht, Betrug zu verhindern und Anleger zu schützen.

Die wohl wichtigste Institution in Sachen Börsen- und Finanzaufsicht ist die Bundesanstalt für Finanzdienstleistungsaufsicht (Bafin), die Banken, Finanzdienstleister, Versicherer, Pensionsfonds, Kapitalverwaltungsgesellschaften und Fonds beaufsichtigt. Ihre Aufgaben:

- Solvenzaufsicht. Die Bafin kümmert sich um die Zahlungsfähigkeit von Kreditinstituten, Versicherern und Finanzdienstleistern.
- Aufsicht. Die Bafin überwacht, dass Bank-, Finanzdienstleistungs-, Investment- und Versicherungsgeschäfte, Zahlungsdienste- und E-Geld-Geschäft nicht ohne staatliche Erlaubnis betrieben werden.
- Verbraucherschutz. Die Bafin versucht, Anleger zu schützen, unter anderem, indem sie versucht, Markttransparenz herzustellen.
- Geldwäsche und Terrorismusfinanzierung. Die Bafin achtet auf die Einhaltung der Regeln zur Verhinderung von Geldwäsche und Terrorismusfinanzierung.

- Abwicklung. Die Bafin kümmert sich um die Abwicklung von Banken, Wertpapierfirmen und Finanzmarktinfrastrukturen, wenn diese nicht mehr überlebensfähig sind.

Zusammen mit der Bundesbank obliegt der Bafin die Aufgabe der Bankenaufsicht, in deren Rahmen überwacht wird, ob die Banken die gesetzlichen Vorgaben bezüglich ihrer Bilanzen, ihrer Organisation und ihres Geschäftsbetriebs einhalten. Auf europäischer Ebene hat die Europäische Bankenaufsichtsbehörde (EBA) die Aufgabe, den europäischen Bankensektor zusammen mit den nationalen Aufsichtsbehörden der EU-Mitgliedsstaaten zu beaufsichtigen und zu regulieren. Unter anderem führt die EBA auch sogenannte Stresstests durch, in deren Rahmen überprüft wird, wie gut Banken gegen bestimmte negative Ereignisse an den Kapitalmärkten – beispielsweise einen Börsencrash – geschützt sind. Auf internationaler Ebene soll der Baseler Ausschuss für Bankenaufsicht (Basel Committee on Banking Supervision, BCBS) weltweite Standards für die Regulierung und Beaufsichtigung von internationalen Banken setzen – in der Presse spricht man von „Basel II" und „Basel III" und meint damit die Pakete des Ausschusses (auch „Akkord" genannt), in denen Fragen wie die Mindesteigenkapitalanforderungen an internationale Banken, Liquiditätsanforderungen oder Anforderungen an das Risikomanagement der Banken behandelt werden. Vereinfacht gesagt geht es in den Basel-Paketen darum, Banken sicherer und weniger stressanfällig zu machen, indem man ihnen vorschreibt, wie viel Eigenkapital und Liquidität sie vorhalten müssen, wie man Eigenkapital und Liquidität definiert und misst und wie man die Risiken misst, denen Banken ausgesetzt sind. Keine leichte Kost.

Mit Blick auf die Börse obliegt der Bafin die sogenannte Wertpapieraufsicht, also die Bekämpfung von Insidergeschäften und Marktmanipulation, die Bilanzkontrolle und die Kontrolle der Einhaltung der Publizitätsvorschriften des Wertpapierhandelsgesetzes. Daneben gibt es die Börsenaufsichtsbehörden der Länder, die den Handel an den Börsen überwachen, und die

Handelsüberwachungsstelle, die direkt an der Börse angesiedelt ist. Sie überwacht den Handel an der Börse, stellt gegebenenfalls Auffälligkeiten im Handel fest und meldet diese an die Börsenaufsicht. Vereinfacht gesagt ist die Bafin die Aufsichtsbehörde des Bundes, dann kommen die Börsenaufsichten der Länder und ganz nah am Parkett, direkt bei der Börse angesiedelt, sind die Handelsüberwachungsstellen.

Allerdings muss man einräumen, dass die Kapitalmarktaufsichtsmusik mittlerweile in Brüssel spielt, also auf europäischer Ebene. Die Europäische Zentralbank (EZB) beaufsichtigt mittlerweile die 120 ganz großen Banken in Europa direkt (in Deutschland sind das 25 ganz große, unter anderem die Deutsche Bank, die Commerzbank, die DZ Bank, die ING, Unicredit und alle Landesbanken), die Bafin und die Bundesbank spielen eine eher untergeordnete Rolle. Auch über die anderen vier- bis fünftausend europäischen Banken hat die EZB die Konzepthoheit. Die technischen Standards, Richtlinien, Kommentare und Empfehlungen (damit das Drehbuch) für die Banken schreibt die Europäische Bankenaufsichtsbehörde (EBA, die saß früher London, jetzt in Paris). Für das Investment- und Wertpapiergeschäft ist die ESMA (die Europäische Wertpapier- und Marktaufsichtsbehörde in Paris) zuständig, sie soll den Anlegerschutz und stabile, geregelt funktionierende Finanzmärkte fördern. Für Versicherungen ist die Europäische Aufsichtsbehörde für das Versicherungswesen und die betriebliche Altersversorgung (EIOPA in München) zuständig. Für Außenstehende ist das sehr verwirrend. Die EBA, die ESMA und die EIOPA sind Bestandteile des Europäischen Systems der Finanzaufsicht (ESFS). So weit, so trocken.

Aber es reicht nicht, Banken und Börsenplätze zu überwachen, deswegen ist eine weitere Aufgabe der Bafin der Anlegerschutz. Neben Verbraucherinformation und Aufklärung kann die Bafin auch den Vertrieb verschiedener Produkte untersagen, überprüfen, ob Banken ihren gesetzlichen Verpflichtungen nachkommen, und Verbraucherbeschwerden entgegennehmen.

Darüber hinaus gibt es Verbrauchschutzorganisationen für Anleger und sogenannte Aktionärsvereinigungen – das sind Zusammenschlüsse von Anlegern zur besseren Durchsetzung gemeinsamer Interessen; sie bieten auch Beratung und führen Musterprozesse.

Schließlich bleiben noch Anwälte, die sich darauf spezialisiert haben, geprellte Anleger zu vertreten. Das ist grundsätzlich nicht verkehrt, allerdings gibt es unter ihnen auch schwarze Schafe, die den Geschädigten falsche Hoffnungen machen und dafür ordentlich abkassieren. Bevor man sich zu diesem Schritt entschließt, sollte man eine Beratung bei der örtlichen Verbraucherzentrale wahrnehmen, die zudem prüft, ob die Rechtsschutzversicherung – sofern man eine hat – für entstehende Kosten einstehen würde.

Auf einen Blick – Börsenaufsicht und Anlegerschutz

Kapitalmärkte sind alles andere als unreguliert. Die wichtigste deutsche Behörde zur Beaufsichtigung von Banken, Versicherungen und Börsen ist die Bundesanstalt für Finanzdienstleistungsaufsicht, daneben gibt es für die Börsenaufsicht die Aufsicht der Länder und die Handelsüberwachungsstelle an der Börse. Speziell bei der Bankenaufsicht gibt es neben der Bundesbank auch noch europäische und internationale Behörden, die für eine Sicherung des Finanzsystems sorgen sollen. Privatkunden können sich an Verbraucherschutzvereinigungen und Aktionärsvereinigungen wenden.

---

7. Wie sieht die Zukunft der Kapitalmärkte aus?

Ein Kapitel über die Zukunft der Kapitalmärkte zu schreiben, ist ambitioniert, weil Prognosen definitionsgemäß schwierig sind. Zudem muss man befürchten, dass dieses Kapitel bereits nach wenigen Jahren veraltet ist. Aber es lohnt sich durchaus, ein paar aktuelle Trends an den Kapitalmärkten anzusprechen.

Eine heiße Nummer sind die sogenannten Fintechs, eine Abkürzung für Financial Technology, ein Sammelbegriff für alle Geschäftsmodelle, die mit moderner Technologie und Finanzen zu tun haben. Welche Technologie das ist, ist egal – Blockchain, Cloud, künstliche Intelligenz oder andere Technologien haben das Zeug, die Finanzbranche durchzurütteln. Was kann Technologie leisten?

- Technologie kann helfen, schneller Informationen auszutauschen, und damit helfen, dass Anleger informierter sind.
- Der Zahlungsverkehr wird schneller, günstiger und einfacher.
- Es gibt bessere, passgenauere und individuellere Angebote bei Versicherungen, Anlageprodukten und anderen Bankberatungen.
- Kreditentscheidungen werden per Algorithmus und künstlicher Intelligenz getroffen.
- Das Risikomanagement von Banken und Finanzunternehmen kann durch bessere Datensammlung und -analysen verbessert werden.

Schauen wir uns einmal ein paar Entwicklungen an. Robo-Advisors knobeln Anlagestrategien aus, empfehlen Wertpapiere und sind in der Lage, das Portfoliomanagement der Kunden zu übernehmen. In der Regel behaupten die Anbieter, dass diese günstiger sind als der Bankberater aus Fleisch und Blut und Zeit sparen. Solche Roboter eignen sich vor allem für Kunden, die eher wenig Erfahrung mit der Börse haben. Kritiker sagen, dass auch Robo-Advisors nicht billig sind, zudem oft einfach nur in Exchange Traded Funds (ETF) anlegen (die Sie aus Kapitel 5.5 kennen) und das Portfolio nur von Zeit zu Zeit ein wenig anpassen, also die Mischung der ETFs verändern. Wer das selbst kann, spart sich hier Geld.

Überhaupt gibt es für Privatanleger zahlreiche neue Möglichkeiten. Apps zeigen, wie andere Hobby- oder Profihändler investieren, und bieten damit die Möglichkeit, erfolgreiche Handelsstrategien zu kopieren. Software bietet auch völlig neue Möglichkeiten der Kursprognose für den Privatanleger. Sogenannte Neo-Broker bieten preiswerten und einfachen Aktienhandel auf dem Mobiltelefon an, teilweise gebührenfrei.[28] Dabei sind die Bildschirme in der Gestaltung Videospielen nachempfunden, weswegen man auch von „Gamification“ spricht – Anlegen wird zum Videospiel. Man kann das positiv sehen, da dadurch mehr Menschen an die Börse geführt werden, aber das Problem ist, dass Investieren an der Börse eben kein Spiel ist – diese Idee kann leicht nach hinten losgehen. Zusätzlich können sich Privatanleger über soziale Plattformen absprechen und organisieren und so auch gemeinsame Aktionen an den Kapitalmärkten fahren. Beispielhaft dafür die Ereignisse um den Videospielanbieter Gamestop. Das Unternehmen wies seit Jahren rote Zahlen auf, weswegen Hedgefonds auf einen Kursverfall der Aktie spekulierten. Daraufhin verabredeten sich Kleinanleger im Internet zum Kauf der Aktie, trieben den Kurs in die Höhe und brachten den Hedgefonds schwere Verluste ein (allerdings vermutet man, dass auch professionelle Anleger, unter anderem Hedgefonds, am Kauf der Aktie beteiligt waren).

Technischer Fortschritt ermöglicht auch das sogenannte High Frequency Trading, den Hochgeschwindigkeitshandel. Um schneller handeln zu können als die Konkurrenz, werden Glasfaserkabel verlegt und suchen Hochfrequenzhändler Räume in unmittelbarer Nähe zur Börse, um sich einen Zeitvorteil im Millisekundenbereich zu verschaffen. Diese Technologie spielt eine Rolle bei halbseidenen Handelsstrategien, bei denen man Aufträge im Sekundentakt platziert und wieder streicht (siehe Kapitel 6.3). In der Regel werden dazu Computerprogramme verwendet. Dies schafft Liquidität beim Handel und kann zu einer besseren Preisfindung beitragen. Mittlerweile gibt es gesetzliche Grundlagen für diese Form des Handels.

Kopfschmerzen bereiten den etablierten Banken die sogenannten Neo-Banken, das sind internetbasierte Banken, die Bankdienstleistungen per App oder Internet anbieten, ohne physische Filialen. Das gräbt den etablierten Banken das Wasser ab; vor allem, wenn sich die Neobanken einzelne (lukrative) Teile des Geschäfts unter den Nagel reißen und die Banken mit den weniger lukrativen Geschäften zurücklassen. Das könnte zu dem führen, was Ökonomen „Disintermediation" nennen – man schaltet sozusagen den Mittelsmann aus. Das passiert beispielsweise schon bei den Neobrokern.

Ein ganz heißes Eisen ist die sogenannte Blockchain-Technologie, wie sie beispielsweise bei der Kryptowährung Bitcoin verwendet wird. Die Blockchain ist eine dezentrale Datenbank, in der alle Transaktionen gespeichert werden und auf die alle Teilnehmer (also Nutzer von Bitcoin) Zugriff haben; das ist also eine Art Logbuch, das alle Transaktionen (fälschungssicher) nachvollziehbar macht. Diese Technologie lässt sich gut für Finanztransaktionen nutzen, da nun kein Intermediär mehr notwendig ist, der diese Transaktion kontrolliert und abwickelt. In sogenannten „intelligenten Verträgen" (Smart Contracts) können darüber hinaus bestimmte Regeln und Anweisungen abgespeichert werden, die bei der Ausführung von Geschäften automatisch angewendet werden und die Vertragsausführung überwachen, was ein enormes Automatisierungspotenzial eröffnet. Die Anwendungsmöglichkeiten in der Finanzbranche sind groß. So wird bereits das Kreditgeschäft zwischen Privatpersonen mit Blockchain-Technologie abgewickelt, ebenso wie blockchainbasierte Zahlungssysteme und Wertpapiertransaktionen.

Auf einen Blick – Zukunft der Kapitalmärkte

Technologie führt dazu, dass Informationen schneller verbreitet werden, Finanztransaktionen rascher und dezentraler abgewickelt werden, dass Anleger informierter sind und es bessere, passgenauere und individuellere Angebote für alle Arten von Finanzprodukten gibt. Das vielversprechendste Thema dürfte wohl die Blockchain-Technologie sein, die dezentrale Transaktionen zwischen Marktteilnehmern ermöglicht, ohne dass diese Transaktionen von Dritten überwacht werden müssen.

8. Was sollte man beim Gang an Kapitalmärkte beachten?

Am Ende dieses Buches ist es Zeit für eine Bilanz – was sollte man wissen, was beherzigen, wenn man über Kapitalmärkte spricht oder an Kapitalmärkten investiert? Hier ein paar einfache Ideen:

1. Kapitalmärkte sind keine Monster. Kapitalmärkte werden von Menschen gemacht, sie sind keine anonyme, bedrohliche Instanz, vor der man Angst haben muss. Natürlich gibt es auch an den Kapitalmärkten Ereignisse, die uns Kopfschmerzen bereiten, die negative Folgen haben, aber wir sehen immer nur diese bedrohlichen Ereignisse, nie die vielen anderen Millionen (eher Milliarden) Geschäfte und Ereignisse, die an Kapitalmärkten völlig problemlos ablaufen. Natürlich muss man hinschauen, wenn Dinge schiefgehen, aber Kapitalmärkte abzulehnen, weil es dort immer wieder zu Kursrutschen, Pleiten und Betrügereien kommt, hieße, das Kind mit dem Bad auszuschütten. Ohne Kapitalmärkte sind moderne Volkswirtschaften nicht überlebensfähig – siehe Kapitel 2.
2. Risiko und Rendite. Das ist der wohl älteste Zopf, den man an Kapitalmärkten flechten kann, aber man kann es nicht oft genug sagen: Je höher der potenzielle Gewinn ist, den ein Börsengeschäft verspricht, umso höher ist das damit verbundene Risiko. Und nein, es gibt keine Ausnahmen. Wenn Sie an die Börse gehen, überlegen Sie sich gut, wie viel Risiko Sie eingehen wollen, wie hoch die Verluste sind, die Sie (finanziell und psychologisch) ertragen können. Hoffen Sie auf das Beste, rechnen Sie mit dem Schlimmsten. Lesen Sie dazu noch einmal Kapitel 5.1.
3. Denken Sie langfristig. Kapitalmärkte sind keine Zockerbuden – auch wenn es Marktteilnehmer gibt, die gern auf kurze Frist zocken. Letztlich geht es beim Gang an die Börse um Vermögensaufbau und Altersvorsorge, und das ist

ein langfristiges Unterfangen. Deswegen ist es nicht verkehrt, sich einmal in Ruhe hinzusetzen und sich schlauzumachen oder professionellen Rat zu suchen. Lesen Sie dazu Kapitel 5.2 über die Macht langfristiger Anlageprozesse. Und mit Blick auf Ratschlag Nummer 2 – Risiko und Rendite – lohnt sich das auch: Mit zunehmender Haltedauer nimmt das Risiko von Aktien ab, das macht sie lohnender.

4. Diversifikation. Es ist nicht der einzelne Wert, der über Sieg oder Niederlage an der Börse entscheidet, sondern die Summe aller Investitionen, also der ganze Korb, in den Sie Ihre Eier legen. Und man legt nie alle Eier in einen Korb – fällt der Korb auf den Boden, gibt es nur noch Rührei. Es ist also das Portfolio, das entscheidet (siehe Kapitel 5.3), und hier gilt: Es gibt nicht das Portfolio, die Wunderwaffe, für jeden Investor gibt es ein anderes Portfolio. Und ein wenig professionelle Beratung hat noch nie geschadet, auch wenn Sie im Hinterkopf behalten sollten, dass die meisten Bankberater eigentlich Verkäufer sind. Wenn Sie unabhängigen Rat suchen, wenden Sie sich an einen Honorarberater, unabhängigen Vermögensberater oder fachkundigen Freund oder teilen Sie Ihr Vermögen auf mehrere Köpfe beziehungsweise Dienstleister auf (also sozusagen eine Wettbewerbslösung).
5. Teppich. Bleiben Sie auf dem Teppich, überschätzen Sie nicht Ihre Fähigkeiten als Anleger oder Investor – siehe Kapitel 6. Investieren an Kapitalmärkten ist eine komplizierte Sache und unsere Psyche spielt uns hier immer wieder Streiche. Lassen Sie sich nicht von einfachen ersten Erfolgen blenden. Eine alte Weisheit unter Spielern sagt: Es kann einem Spieler nichts Schlimmeres passieren, als dass er gleich beim ersten Mal gewinnt – er wird dann nicht mehr aufhören.
6. Es gibt keine Gurus. Denken Sie daran: Kapitalmärkte sind wild und unberechenbar (siehe Kapitel 5.4 und 5.5), deswegen gibt es auch keine sicheren langfristigen Prognosen, es

gibt allenfalls Anlageideen, die unter Bedingungen funktionieren, von denen man nicht weiß, ob sie eintreffen werden. Niemand kann die Zukunft vorhersagen, auch wenn man Ihnen das bisweilen weismachen will. Die meisten Prognosen treffen eher zufällig zu. Besser ist es, Szenarien zu entwerfen nach einem Wenn-dann-Muster. Seien Sie auf alle Eventualitäten vorbereitet.

7. Risikomanagement. Überlegen Sie nicht nur, wie viel Risiko Sie verkraften können, sondern auch, was alles schiefgehen kann und welche Folgen das haben kann. Noch mal: Kapitalmärkte sind eine raue See, und wer dort sein Boot zu Wasser lässt, sollte zusehen, dass es hochseetauglich ist (siehe Kapitel 5.3 und 5.4). Eine einfache Methode sind sogenannte Fehlerbäume. Zuerst überlegen Sie, welche Risiken es geben könnte: Wirtschaftsabschwung, politische Krisen, Naturkatastrophen – alles, was Ihr Investment gefährdet. Unter die jeweiligen Punkte schreiben Sie alle möglichen Ursachen, die Ihnen einfallen, die zu diesen Entwicklungen führen könnten. So generieren Sie automatisch Argumente, die Ihnen aufzeigen, was alles schiefgehen kann.
8. Einfachheit. Kaufen Sie nichts, was Sie nicht verstehen. Wenn Sie es nicht verstehen, wie wollen Sie dann wissen, wie riskant ein Investment ist oder was man wirklich damit verdienen kann?
9. Sie haben keine Lust, sich permanent mit Börsen, Anlagegeschäften und Ähnlichem zu beschäftigen? Hier ein ganz einfacher Vorschlag. Bilden Sie ein Portfolio aus passiven Indexfonds (wie beispielsweise Exchange Traded Funds), und zwar ein heuristisches Portfolio (das kennen Sie aus Kapitel 5.3): Ein bestimmter Prozentsatz Aktienfonds, Anleihefonds, Immobilien und Rohstoffe, wobei Sie die Anteile, also die prozentualen Gewichte nach Alter und Risikoneigung festlegen – sind Sie jung und risikobereit, dann stecken Sie mehr in Aktienfonds, wollen Sie das Geld in naher Zukunft flüssigmachen, erhöhen Sie den Anteil an

Rentenfonds und Immobilien. Dann müssen Sie nur von Zeit zu Zeit die Gewichte der einzelnen Fonds in diesem Portfolio überprüfen und gegebenenfalls verändern. Sind Sie hingegen ein Zocker, mögen Sie es, an der Börse zu investieren und etwas zu riskieren, richten Sie sich ein Konto ein, mit dem Sie Ihren Neigungen nachgehen und es krachen lassen können. Legen Sie so viel (Spiel-)Geld auf das Konto, wie Sie als Totalverlust verschmerzen können.

10. Leben. Vergessen Sie bei all der Faszination über Börse oder Kapitalmärkte – falls Sie diese haben – nicht das Wichtigste: Investieren, Geld anlegen ist wichtig, aber nicht alles. Die wichtigsten Dinge im Leben sind keine Dinge.

9. Fazit: Keine Angst vor Monstern

„Monster“ hat der ehemalige Bundespräsident Horst Köhler Kapitalmärkte genannt. Hat er damit recht? Ungezügelte Gier, wilde Spekulation ohne höheren Sinn, unnötige, unverständliche Finanzprodukte, rücksichtslose Banker, die sich im Zweifelsfall vom Staat retten lassen – ja, das gibt es an den Kapitalmärkten. Aber das ist eigentlich nur die Schaumkrone auf dem Meer, das wir als Kapitalmärkte bezeichnen. In den meisten Fällen funktionieren Kapitalmärkte, und die Akteure an den Kapitalmärkten sind keine Monster, sondern Menschen wie Sie und ich, mit allen Fehlern und Schwächen, aber auch mit allen Stärken. Und je mehr man von Kapitalmärkten versteht, umso weniger Angst hat man vor dem Monster, umso eher versteht man, was schiefläuft und warum, und umso mehr versteht man auch, was gut läuft und warum Kapitalmärkte nötig sind. Vielleicht ist das größte Risiko, das uns an den Kapitalmärkten begegnen kann, unsere Angst.

Anmerkungen

1 Schäfer, Ulrich (2010), Das Monster zähmen, Süddeutsche Zeitung Online, URL https://www.sueddeutsche.de/wirtschaft/globale-kapitalmaerkte-das-monster-zaehmen-1.478023 (letzter Zugriff: 07.03.2022).
2 „Allokation“ bedeutet zuweisen, platzieren.
3 Solche Fire Sales waren beispielsweise ein Grund dafür, dass Banken in der Immobilienkrise 2008 in Bedrängnis geraten sind. Sie benötigten dringend Liquidität und mussten deswegen Wertpapiere verkaufen, zu einem Zeitpunkt, an dem viele andere Banken ebenfalls Wertpapiere verkaufen mussten. Dadurch waren die Banken gezwungen, zu niedrigen Preisen verkaufen, was ihr Eigenkapital (sozusagen ihren Notgroschen; Näheres in Kapitel 3.2) reduzierte.
4 Das englische Wort „Hedge“ bedeutet „Hecke“, im übertragenen Sinne ist das die Hecke, die man zum Schutz um sein Haus oder seine Burg zieht.
5 Nun gibt es vielleicht Menschen, die aus Prinzip keine Aktien kaufen. Aber mal ehrlich: Wenn sie vermuten, dass da riesige Gewinne zu erwarten sind – würden nicht irgendwann auch diese Leute Aktien kaufen? Wer erklärt, er kaufe aus Prinzip keine Aktien, erwartet vielleicht einfach nur zu geringe Gewinne.
6 Das bedeutet so viel wie „über den Schalter hinweg“.
7 Das könnte man in diesem Fall mit „Ansturm“ übersetzen.
8 Deswegen sprach man früher vom Bankengeschäft als einem Zwei-vier-drei-Geschäft: zu zwei Prozent Geld leihen, zu vier Prozent weiterverleihen und um drei auf dem Golfplatz sein.
9 Versicherer haben wiederum die Möglichkeit, sich selbst abzusichern bei einem sogenannten Rückversicherer, die man vereinfacht als „Versicherer der Versicherungen“ bezeichnet. Auch Rückversicherer sind auf den Kapitalmärkten unterwegs.
10 Daneben gibt es noch sogenannte Spezialfonds, die nicht der breiten Öffentlichkeit zugänglich sind, sondern nur speziellen Anlegern angeboten werden, die man als institutionelle Anleger bezeichnet, also beispielsweise Banken, Versicherungen, Pensionsfonds, Stiftungen.
11 Private Equity lässt sich mit „Beteiligungskapital“ übersetzen.
12 Die genaue Berechnung des Effektivzinses ist natürlich etwas komplizierter, weil man unter anderem die verbleibende Restlaufzeit und die Zahlung am Ende der Laufzeit berücksichtigen muss. Um das Prinzip zu verstehen, reicht dieses sehr vereinfachende Beispiel. Die 12,5 Prozent sind streng genommen nur die erste „einfache Nominalverzinsung“,

wir müssen eigentlich etwas genauer rechnen. Wenn der Dritte die Anleihe für 40 Euro kauft und nach einem Jahr den Nennwert von 50 Euro zurückerhält, macht er einen guten Schnitt: Er erhält 5 Euro Zins plus 10 Euro Kursgewinn, also 15 Euro auf 40 Euro Einsatz. Das sind dann auf ein Jahr gerechnet satte 37,5 Prozent Rendite.

13 Man spricht auch von der sogenannten Zinsstrukturkurve, wenn man den Zins gegen die Laufzeiten abträgt; wenn man also ein Diagramm hat, das auf der horizontalen Achse die Laufzeit der Anleihe abträgt und auf der vertikalen Achse den Zins.

14 Mathematisch gesprochen ist der Mengenwechselkurs der Kehrwert des Preiswechselkurses.

15 Beispielsweise gibt es Derivate mit sogenannten Knock-out-Barrieren: Fällt oder steigt der Kurs des Basiswertes über eine zuvor definierte Schwelle, verfällt dieses Derivat und wird komplett wertlos. Der Fantasie der Produktdesigner sind hier keine Grenzen gesetzt.

16 Deswegen ist die Empörung mancher Medien über „riesige" Gewinne recht undifferenziert: Wenn ein Unternehmen einen Milliardengewinn macht, so sagt das wenig aus. Entscheidend ist, mit welchem Kapitaleinsatz dieser Gewinn erwirtschaftet wurde. Wer mit 10 Euro Einsatz einen Milliardengewinn macht, ist anders zu beurteilen als jemand, der zweistellige Milliardenbeträge einsetzen muss, um diesen Gewinn zu erwirtschaften.

17 Das ergibt sich aus folgender Rechnung: (5 + 20 + 35)/3 = 20.

18 Lassen Sie uns das einmal nachprüfen: 100 Euro bei einem Zins von 7,2 Prozent sind nach einem Jahr 107,2 Euro. Diese 107,2 Euro liegen nun noch einmal ein Jahr fest zu 7,02 Prozent, das macht eine weitere Zinszahlung von 107,2 mal 7,02 Prozent = 7,72 Euro, macht zusammen mit den 107,2 Euro aus dem ersten Jahr eine Gesamtzahlung von 114,92 Euro, also knapp die 115 Euro (der Rest ist ein Rundungsfehler). Um diese Rechnung genauer aufzuzeigen, müsste man Formeln verwenden. Uns soll es hier reichen, das Prinzip zu verstehen. Wenn Sie etwas auf- oder abzinsen müssen, ohne die Formeln zu kennen, nutzen Sie einen Internet-Zinsrechner, da können Sie das alles nachrechnen (lassen).

19 Die Macht solcher exponentiellen Prozesse demonstriert das Gedankenexperiment um den Josephspfennig: Hätte man bei Geburt von Jesus am 25. Dezember des Jahres null einen Euro-Cent angelegt, der sich über 2.000 Jahre hinweg mit einem Zinssatz von fünf Prozent pro Jahr verzinst, so hätte man heute einen Betrag zusammen, der mehreren Milliarden Weltkugeln aus Gold entsprechen würde (der entsprechende Betrag wäre eine Zahl mit 41 Stellen).

20 Eine Heuristik ist eine einfache Faustregel – man greift also zu einer einfachen Regel, statt komplizierte Berechnungen zu nutzen.

21 Die Daten zu den Körpergrößen finden Sie hier: Statista (2021), Wie groß sind Sie?, URL https://de.statista.com/statistik/daten/studie/278035/umfrage/koerpergroesse-in-deutschland/ (letzter Zugriff: 07.03.2022).

22 Man spricht hier auch von sogenannten „Fat Tails": Man stellt die Kursveränderungen mittels Glockenkurve dar, allerdings mit dem Unterschied, dass an den Enden (den Tails) die Kurve nicht flach ist, sondern wieder steigt, also die Wahrscheinlichkeiten für extreme Ereignisse wieder zunehmen (also „fat", dick, werden).

23 Der ehemalige amerikanische Verteidigungsminister Donald Rumsfeld nannte das einmal „the unknown unknown", also das, von dem wir nicht wissen, dass wir es nicht wissen.

24 Hier hilft ein einfacher Test. Wenn jemand sagt, er habe gewusst, dass die Kurse fallen werden, fragen Sie ihn einfach, wie viel Geld er mit diesem Wissen verdient hat. Wenn er das wirklich gewusst hat, sollte er entsprechend investiert haben, oder?

25 „Hausse" steht für steigende Kurse, „Baisse" für fallende Kurse.

26 Empirische Studien bestätigen, dass die Auflagenzahl von Börsenmagazinen positiv mit den Kursen korreliert ist – steigen (sinken) die Kurse, so steigt (sinkt) die Auflage. Eigentlich müsste es andersherum sein: Gerade in schlechten Börsenzeiten braucht man den Rat erfahrener Börsenjournalisten.

27 Noch vor Ponzi gebührt einer Frau, der deutschen Schauspielerin Adele Spitzeder, der zweifelhafte Ruhm, das Pyramidenschema in die Neuzeit eingeführt zu haben.

28 Das darf aber nicht täuschen: Die Anbieter solcher Apps erhalten Zahlungen von anderen Dienstleistern, die an den Aktientransaktionen beteiligt sind. Umsonst sind manche Dinge, aber selten sind sie kostenlos.

Literatur

BECK, Hanno (2012), Geld denkt nicht. Wie wir in Gelddingen einen klaren Kopf behalten. München: Hanser.

BECK, Hanno (2009), Wirtschaftspolitik und Psychologie: Zum Forschungsprogramm der Behavioral Economics, in: ORDO (Band 60), S. 119-151.

BECK, Hanno (2017), Vorsicht vor Charttechnikern!, Frankfurter Allgemeine Zeitung Online, URL https://www.faz.net/aktuell/finanzen/aktien/aktienmarkt-vorsicht-vor-charttechnikern-14845233.html

BECK, Hanno/Wienert, Helmut (2009), Anatomie der Weltwirtschaftskrise: Ursachen und Schuldige, in: Aus Politik und Zeitgeschichte. Beilage zur Wochenzeitung Das Parlament, Heft 20/Mai, S. 7-12.

BECK, Hanno/Wüst, Kirsten (2012), Behavioral-Finance-Konzepte, in: Wisu. Das Wirtschaftsstudium, 41. Jahrgang, Heft 7/Juli, S. 936-941.

BEIKE, Rolf/Schütz, Johannes (2015), Finanznachrichten lesen – verstehen – nutzen: Ein Wegweiser durch Kursnotierungen und Marktberichte, 6. überarb. Aufl. Stuttgart: Schäffer-Poeschel.

BRAUNBERGER, Gerald (2004), Waterloo an der Wall Street, Frankfurter Allgemeine Zeitung Online, URL https://www.faz.net/aktuell/finanzen/aktien/boersenkrach-1929-waterloo-an-der-wall-street-1194075.html

BUHRS, Hendrik (2018), Die Wette auf steigende oder fallende Kurse, Finanztip.de, URL https://www.finanztip.de/derivate/optionen/

BUNDESANSTALT FÜR FINANZDIENSTLEISTUNGSAUFSICHT (o. D.), Die Bafin stellt sich vor. Bonn, URL https://www.bafin.de/SharedDocs/Downloads/DE/Broschuere/dl_b_bafin_stellt_sich_vor.pdf;jsessionid=CF52417352FFAB47E6BBE680E67F4A48.2_cid503?__blob=publicationFile&v=14

GALBRAITH, John Kenneth (2009 [1954]), The Great Crash 1929, Penguin Books.

KIRCHNER, Christian (2013), Affe schlägt Index, Spiegel Online, URL https://www.spiegel.de/wirtschaft/service/warum-zufallsauswahl-bei-aktien-fondsmanager-schlaegt-a-893572.html

MANDELBROT, Benoit/Hudson, Richard L. (2007), Fraktale und Finanzen: Märkte zwischen Risiko, Rendite und Ruin, München: Piper Taschenbuch.

O.V. (2005), Die acht größten Fat-Finger-Fehler der Geschichte, Focus Online, URL https://www.focus.de/finanzen/banken/teure-tippfehler-die-acht-groessten-fat-finger-fehler-der-geschichte_id_2931415.html

SCHÄFER, Michael (2021), Der Tag, an dem die Kurse abstürzten, NZZ Online, URL https://www.nzz.ch/finanzen/uebersicht/boersen_und_maerkte/der-tag-an-dem-die-kurse-abstuerzten-1.17695489

SPREMANN, Klaus/Gantenbein, Pascal (2005), Kapitalmärkte, Stuttgart: UTB, Lucius & Lucius.

TALEB, Nicholas Nassim (2018), Der Schwarze Schwan: Die Macht höchst unwahrscheinlicher Ereignisse, 5. Aufl. München: Pantheon Verlag.

TALEB, Nicholas Nassim (2018), Narren des Zufalls: Die unterschätzte Rolle des Zufalls in unserem Leben, 2. Aufl. München: Pantheon Verlag.

[Alle Links zuletzt aufgerufen am 07.03.2022]

Stichwortverzeichnis

1:n-Portfolio 75
72-er-Regel 70

A

Absicherungsgeschäfte 18
absolute Rendite 37
absolute return 37
Abwertung 54, 101
Ad-hoc-Publizität 111
Aktie 43
Aktienindizes 45
Aktienkurs 44
Aktionärsvereinigungen 116
aktiver Investor 83
Alpha 66
Anlegerschutz 115
Anleihe 48
Anleihemarkt 49
antizyklische Fiskalpolitik 97
antizyklisches Handeln 89
Arbitrage 20
Asset Allocation 71
Aufwertung 54
Ausgabeaufschlag 35
Ausübungspreis 56

B

Baisse 46, 128
Bank-Run 26
Bär 46
Barausgleich 57
Basel-Akkord 29
Baseler Ausschuss für Bankenaufsicht 114
Behavioral Finance 87
Benchmark 74
Beta 66
Blockchain 119
Börse 21
Börsenaufsichtsbehörde 114
Börsenguru 85
Broker 22
Bruttorendite 63
Bulle 46
Bundesanleihen 51
Bundesanstalt für Finanzdienstleistungsaufsicht (BaFin) 113

C

Call 58
cash settlement 57
Churning 111
circuit breaker 100
Cold calling 110
Computerbörsen 21
Conduit 108

D

Daytrader 41
Deutscher Rentenindex 52
Die Hausse nährt die Hausse 91
Dienstmädchenhausse 97
Discounted Cash Flow-Modell (DCF) 69
Disintermediation 119
diskontieren 68
Dispositionseffekt 89
Diversifikation 72
Dividende 43
Dividendenrendite 46, 63

E

Effektivzins 49
Eigengeschäfte 111
Eigenkapital 28

Eigenkapitalrendite 63
Eigenkapitalvorschriften 27
Einlagengeschäft 27
Einlagensicherung 30
Emittent 48
Emittentenrisiko 62
enge Märkte 15
EONIA 53
Euro-Bund-Future 52
Europäische Bankenaufsichtsbehörde (EBA) 114
Euro Short-Term Rate 53
Exchange Traded Funds 38, 83, 118, 123
Exit 41

F

fat tails 128
Federal Funds Rate 53
Fehlerbaum 123
Fintechs 117
Fire sale 14
Flash Crash 98
Fonds 34
  geschlossene 36
Fremdwährungskredit 54
Fristentransformation 25, 28
Frontrunning 109
Fundamentalanalyse 84
Futures 57

G

Gamestop 118
Gamification 118
Gauß'sche Normalverteilung 76
Geldmarkt 51
Gesamtmarkt 74
Gilts 51
Giralgeldschöpfung 31
Glockenkurve 76
Goldstandard 97
government bonds 42
growth 75

H

Handelsüberwachungsstelle 115
Hauptrefinanzierungssatz 53
Hauptversammlung 43
Hausse 46, 128
Hebelwirkung 60
Hedge 73, 126
Hedge-Fonds 37
Herding 89
Heuristiken 87
High Frequency Trading 19, 118
Hochgeschwindigkeitshandel 118
Home bias 88
Honorarberater 122

I

Indexfonds 83
Inflationsausgleich 68
Inhaberschuldverschreibungen 62
Insiderhandel 110
institutionelle Anleger 41
Intermediäre 11, 24
interner Zinsfuß 69
Investment-Stil 74
Investoren 10

K

Kapitallebensversicherung 32
Kapitalmarkteffizienz 82
kaputte Uhr 85
Kaufoption 58
Keynes, John Maynard 97
Knock-out-Barrieren 127
Korrelation 72
Kursausreißer 79

Kurs-Buch-Verhältnis 46
Kurs-Gewinn-Verhältnis 46
Kursmakler 22

L

Leerverkäufe 60
Lehman Brothers 108
Leistungszusage 34
  beitragsorientiert 34
Libor 53
Liquidität 13
long sein 60
Losgrößentransformation 24, 28

M

Makler 22
Makroökonomik 97
Management buy-in 40
Management buy-out 40
Mandelbrot, Benoit 79
Markowitz, Harry 72
Marktkapitalisierung 45
Mengenwechselkurs 54
Mentale Konten 88
„mexikanischer Scharfschütze" 85
Mistrade 101

N

Nennwert 48
Neo-Banken 119
Neo-Broker 118
Nettorendite 63
New Economy 91, 95
Ninja-Loans 105
Nominalzins 49

O

Optionen 58
Order 21
Orderbuch 22

P

Papiervermögen 93
Parketthandel 21
passiver Investor 82
Passivgeschäft 29
Pennystocks 110
Pensionsfonds 34
Pensionskassen 34
Ponzi-Schema 112
Portfolio 71
positiver Schock 91
Präsenzbörsen 21
Preiswechselkurs 54
private equity 40
private Placement 41
Prospekt- und Bilanzbetrug 112
prozyklische Berichterstattung 92
public offering 41
Publikumsfonds 36
Put 58
Pyramiden-Schemas 112

Q

quantitative Analyse 84

R

random walk 76
Rating-Agenturen 50
Rendite 63
Rentenmarkt 49
Repräsentativität 88
REX 52
Risiko 64
Risikoausgleich 32
Risikomanagement 80
Risikoprämie 68
Risikotransformation 26, 28
Robo-Advisoren 117
Rückschaufehler 81

Rückversicherer 126

S

Scalping 110
Schattenbanken 106
Schatzwechsel 51
schwarzer Schwan 80
settlement 23
Shareholder value 46
short gehen 60
Sigma 66
Skontoführer 22
Smart Contracts 119
Sondervermögen 62
Sparen 9
Spekulation 18
spekulative Blase 91
Spezialfonds 126
Staatsanleihen 42, 51
Stakeholder-Ansatz 47
Standardabweichung 65
Stillhalter 58
Stop-loss-Order 99
Stresstest 114
Strike Price 56
Strukturierung 106
systemische Krise 30

T

Technische Analyse 84
Termingeschäft
  bedingtes 58
  unbedingtes 57
Terminkontrakte 57
Treasuries 51

U

Überoptimismus 89
Überschussbeteiligung 32
Umlaufrendite 52
Underlying 56
Unternehmensanleihen 51
Unterstützungskassen 34

V

value 75
V-Dax-new 66
Venture Capital 40
Verankerung 87
Verbriefung 105
Verkaufsoptionen 58
Verwaltungsvergütung 36
Vix 66
Volatilität 65
  implizite 66

W

Weltwirtschaftskrise 94
Wertpapierhändler 22

Z

Zertifikate 62
Zins 68
Zinseszins 70
Zinsstrukturkurve 127
Zweckgesellschaften 108